高中数学教学中融入数学文化的实践研究

袁常秀　著

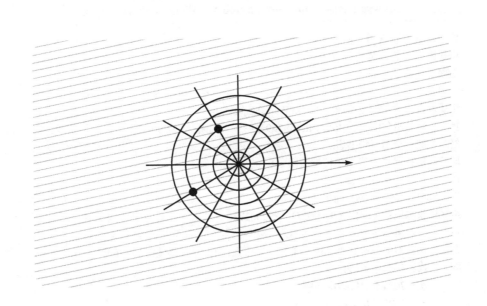

哈尔滨出版社
HARBIN PUBLISHING HOUSE

图书在版编目（CIP）数据

高中数学教学中融入数学文化的实践研究 / 袁常秀
著. -- 哈尔滨：哈尔滨出版社, 2024.9. -- ISBN 978-
7-5484-8057-0

Ⅰ. G633.602

中国国家版本馆CIP数据核字第2024RB6326号

书　名：**高中数学教学中融入数学文化的实践研究**
GAOZHONG SHUXUE JIAOXUE ZHONG RONGRU SHUXUE WENHUA DE SHIJIAN YANJIU

作　　者：袁常秀　著
责任编辑：赵志强
封面设计：王丹丹

出版发行：哈尔滨出版社（Harbin Publishing House）
社　　址：哈尔滨市香坊区泰山路82-9号　　　邮编：150090
经　　销：全国新华书店
印　　刷：北京虎彩文化传播有限公司
网　　址：www.hrbcbs.com
E-mail：hrbcbs@yeah.net
编辑版权热线：（0451）87900271　87900272

开　　本：710mm×1000mm　　1/16　　印张：17　　　字数：227千字
版　　次：2024年9月第1版
印　　次：2024年9月第1次印刷
书　　号：ISBN 978-7-5484-8057-0
定　　价：88.00元

凡购本社图书发现印装错误，请与本社印制部联系调换。

服务热线：（0451）87900279

序

数学,乃科学之基础,思维之精髓。于高中数学课堂教学中融入数学文化,不仅可以提升学生的数学素养,而且能激发学生的创新思维与探索精神。袁常秀老师所著《高中数学教学中融入数学文化的研究》一书,正是对这一重要课题的精彩诠释与深入探索。

袁老师对数学教学有着独到的见解与深厚的实践。他致力于探索如何将数学文化巧妙地融入高中数学的日常教学中,让数学知识不再枯燥乏味,而是充满趣味与活力。此专著无疑是袁老师多年研究与实践的结晶,也是对数学教育领域的一份宝贵贡献。

书中,袁老师首先对数学文化进行了深入的剖析与解读。他认为,数学文化不仅包括数学史、数学美、数学哲学等方面,更涵盖了数学思维、数学应用、数学方法、数学精神等多个层面。在高中数学教学中融入数学文化,不仅可以让学生更加深入地理解数学的内涵与外延,还可以培养他们的逻辑思维、抽象思维与创新思维,使他们更好地应对未来的挑战。

袁老师在书中详细阐述了如何在高中数学教学中融入数学文化。他提出了一系列具有可操作性的教学策略与方法,如通过数学史料文化的引入,让学生了解数学的发展历程与背后的故事;通过对数学审美文化的挖掘,让学生感受数学的魅力与趣味;通过对数学问题的探究,培养学生的思维能力与创新精神。这些教学策略与方法,既符合学生的认知规律,又能有效地提升数学教学的效果。

在实践案例部分,袁老师展示了他在教学中融入数学文化的具体做法与成效。他通过生动的案例,让我们看到了数学文化如何激发学生的学习兴趣,如何提升学生的数学素养,如何培养学生的创新精神与实践能力。这些案例不仅具有启发性,更具有可复制性,对于广大高中数学教师来说,无疑是一份宝贵的教学资源。

此外,袁老师还对高中数学教学中融入数学文化的意义与价值进行了深入的探讨。他认为,数学文化的融入不仅可以丰富数学教学的内涵,提升数学教学的质量,还可以培养学生的综合素养与人文精神。在当今社会,数学已经渗透到各个领域,成为推动社会发展的重要力量。因此,培养具有数学素养与创新精神的人才,对于国家的未来发展具有重要意义。

最后,我想说的是,袁常秀老师的这本专著不仅是对高中数学教学中融入数学文化的一次深入探索,更是对数学教育教学理念的一次深刻反思与升华。他以独特的视角、深入的分析、生动的案例,为我们呈现了一幅充满智慧与活力的数学教学画卷。这本书不仅适合广大高中数学教师阅读,也适合对数学教育感兴趣的读者阅读。我相信,这本书的出版必将对数学教育的改革与发展产生深远的影响。

在此,我要向袁常秀老师表示由衷的祝贺。他以多年的实践与研究,为我们提供了一份宝贵的教学资源与精神食粮。他的研究与探索,不仅让我们看到了数学教育的无限可能,更让我们感受到了数学文化的独特魅力。我相信,在袁老师的引领下,临淄区的数学教育教学一定会取得更加辉煌的成就。

同时,我也希望广大高中数学教师能够认真阅读这本书,从中汲取养分,不断提升自己的教学水平与教育理念。让我们共同努力,为培养更多具有数学素养与创新精神的人才而奋斗!

是为序。

傅尊伟

2024.4.20

傅尊伟,博士,教授,中韩大数据与人工智能研究中心主任、临沂大学数学与统计学院院长、水原大学博士生导师、山东师范大学博士生导师、山东省特级教师工作坊主持人、山东省大数据专业建设委员会副主任委员、山东省高等学校首席专家、山东省高等学校青创人才引育团队负责人、香港"求是"研究生奖学金获得者、山东省"五一劳动奖章"获得者、全省教育先进工作者、全国优秀教师。

前言 关于数学文化的思考

国家主席习近平在 2024 年新年贺词中指出:中国是一个伟大的国度,传承着伟大的文明。在这片辽阔的土地上,大漠孤烟、江南细雨,总让人思接千载、心驰神往;黄河九曲、长江奔流,总让人心潮澎湃、豪情满怀。良渚、二里头的文明曙光,殷墟甲骨的文字传承,三星堆的文化瑰宝,国家版本馆的文脉赓续……泱泱中华,历史何其悠久,文明何其博大,这是我们的自信之基、力量之源。

在这些悠久的历史文化中,有一种别具一格的文化,它极具特殊性,又弥足珍贵,一直不断影响着世界文明和人类文化的走向,这种文化就是数学文化。

数学,作为一门古老而充满活力的学科,承载着人类智慧的结晶,也孕育着深厚的数学文化。数学文化,不仅仅是数学公式和定理的堆砌,更是一种独特的思维方式、一种探索世界的精神和一种传承智慧的途径。数学文化作为一种具有深厚历史背景的文化现象,自古以来就在全球范围内发展并影响着人类社会。

一、数学文化的历史厚度

数学文化的历史厚度,体现在它源远流长的发展历程中。从古代的结绳记事、算筹计数,到古希腊的几何学和中国的勾股定理,再到中世纪的代数和文艺复兴时期的数学复兴,数学文化在历史的长河中不断积淀和发展。每一代数学家都在前人的基础上,不断探索和创新,为数学文化的丰富和发展做出了贡献。

早在古代,中国、古埃及、古印度、古希腊四大文明古国就有了自己的数学文化,较早地形成了一系列基本的数学知识与思维模式。随着时间的推移,数学文化逐渐得到了发展和传承,其中一些数学思想被不同的文化背景所接受与采纳,并对当时的社会产生了深远的影响。

中国早期的数学著作,如《九章算术》《周髀算经》和《孙子算经》等,无疑是中国古代数学发展史上的璀璨明珠。《九章算术》系统总结了当时数学领域的研究成果,涵盖了代数、几何、三角等多个分支,极大地丰富了中国古代数学的内容。《周髀算经》是一部集数学、天文学于一体的综合性著作,不仅阐述了古代中国人民对天体运行规律的认识,更通过数学方法进行了精确的推算和预测。《孙子算经》以算术为主要内容,详细记录了古代中国的算术方法和技巧,对于推广算术知识和培养算术人才起到了积极的推动作用。

与此同时,古希腊的几何学也取得了举世瞩目的成就,在古代数学文化中占据着极其重要的地位,它是古代数学文化中的又一颗璀璨明珠,对后世数学的发展产生了及其深远的影响。古希腊的几何学不仅为数学研究提供了重要的方法和工具,还为我们理解自然界的规律和现象提供了有力的支撑。可以说,没有古希腊的几何学,古代数学文化将会失去一份重要的光彩和魅力,如欧几里得提出的几何学的公理化体系,不仅为现代的数学发展奠定了基础,更对后世的数学研究产生了深远的影响。他的著作《几何原本》以严密的逻辑推理和精确的表述,使得几何学成为一门系统、科学的学科。

这些历史中的数学成果,不仅为后世学者提供了宝贵的智慧和启示,更为后人提供了珍贵的文化遗产。它们不仅丰富了人类对数学的认知和理解,更推动了数学在各个领域的应用与发展。在今天,我们依然可以从这些古代数学著作中汲取智慧,为现代数学研究提供新的思路和方法。

可以说,数学文化是跨越数千年积淀而成的智慧结晶,它不仅仅是一门学问,更是一种深层次的文化现象。无论是古埃及的几何学、代数学,古希腊的欧几里得几何,还是古代中国的算术和代数,都充分展现了数学在人类历史进程中的重要地位。

二、数学文化的探索精神

数学的发展史,无疑是一部波澜壮阔、气吞山河的壮丽篇章。它如同一部跌宕起伏的史诗,充满了无尽的惊奇、挑战与突破。它记录了数学家们不懈的探索与追求,每一次的突破都像是翻越一座高山,每一次的进展都像是跨越一条大河。

从远古的结绳计数,到古希腊的几何学的辉煌,再到近代微积分与代数学的繁荣,数学的发展始终伴随着人类的文明进步。每一次数学的飞跃,都引领着科技的革新,推动着社会的进步。

然而,数学的发展并非一帆风顺。它充满了艰难与曲折,每一步的前进都伴随着无数次的尝试与失败。数学家们在黑暗中摸索,他们孤独地思考,顽强地探索,不畏艰难,不惧挑战。他们的奋斗,如同在崎岖的山路上攀登,每一步都充满了艰辛与困苦。但正是这样的艰难与曲折,使得数学的发展史更加动人。每一次的失败,都孕育着新的希望;每一次的挫折,都激发着新的力量。数学家们以他们的智慧与毅力,不断地突破难关,创造奇迹。

数学文化的探索精神,也体现在对数学美的追求上。数学家们不仅追求数学结论的正确性,还追求数学表达的简洁性和优雅性。他们通过巧妙的构造和优美的证明,展示着数学的美感和魅力。这种对美的追求,使得数学文化更加具有吸引力和感染力。

因此,数学的发展史不仅是一部记录人类智慧与进步的史诗,更是一部展示人类精神与毅力的奋斗史。它让我们看到了数学家们的探索精神、创新精神与奋斗精神,也让我们看到了人类文明的伟大与辉煌。

三、数学文化的传承广度

数学文化的传承恰似江河汇海,源远流长,又似星辰璀璨,普照四方。它不仅在学术殿堂中熠熠生辉,更在社会的各个角落播撒智慧的种子,绽放出绚烂的文化之花。

自古以来，数学便如同一座巍峨的山峰，屹立在人类文明的史册之上。从基础的加减乘除到深奥的微积分理论，数学文化的传承从未间断，且在不断地丰富和发展。无论是东方还是西方，古代还是现代，数学都是一种共通的语言，一种连接不同文明和文化的桥梁。它超越了地域和民族的界限，成为人类共享的智慧财富。

数学不仅仅是一门学科，更是一种思维方式、一种解决问题的方法。它教会我们如何理性思考、如何精确计算、如何探索未知。这种思维方式和方法论的影响，已经渗透到我们生活的方方面面，成为我们不可或缺的一部分。

数学文化的传承还体现在它对社会各个领域的渗透和影响中。无论是科学研究、工程技术，还是经济管理、文化艺术，数学文化都发挥着重要的作用。数学作为一种精确、严谨的语言和工具，为各个领域提供了有力的支持和保障。

数学教育不仅是传授数学知识的过程，更是培养思维能力、提升综合素质的过程。通过数学教育，人们可以学会逻辑思考、抽象思维和问题解决等能力，为未来的学习和工作打下坚实的基础。通过数学教育，我们可以培养出一代又一代具备数学素养的人才，为社会的发展和进步注入新的活力。

四、数学文化的应用价值

在现代社会中，数学已经成为一种不可或缺的工具和资源。从大数据分析、人工智能到密码学、航空航天等领域，数学都发挥着关键的作用。数学文化的深入发展，为科技创新和社会进步提供了有力的支撑。

数学文化还具有文化交流和传播的价值。通过数学文化的交流和传播，可以促进不同文化之间的理解和融合，增进国际间的友谊与合作。数学作为一种普遍性的语言，可以跨越国界、民族和文化的障碍，成为连接世界的桥梁和纽带。

数学的发展推动了科学的进步，也深刻影响着人类社会的经济、政治和文化格局。数学文化以数学学科为基础，但其影响和价值却远超数学本身，已经融入科学、哲学、艺术等各个领域，可以说，数学文化是一种跨学科的文化交流。数学与哲学、物理学、工程学等学科的交叉融合，催生了众多的科学发现和技术创新。例如，数学在物理学中的作用至关重要，从牛顿的万有引力定律到爱因斯坦的相对论，再到量子力学，都离不开数学的支撑。在工程领域，无论是建筑、机械还是计算机科学，数学都是实现精确设计和计算的必备工具。

五、数学文化的教育功能

数学文化作为一种智慧的载体，它承载着人类思维的深度和广度。

当我们深入学习和研究数学时，我们不仅仅是在探索数字、公式和定理，更是在锻炼自己的思维能力。数学，它锻炼着我们的逻辑思维能力。在学习数学的过程中，我们需要严谨地推理、精确地计算，不断根据已知条件推导出新的结论。这种逻辑推理的能力，让我们在面对问题时能够保持清晰的思路，不被纷繁复杂的表象所迷惑。同时，数学也培养着我们的抽象思维能力。数学中的许多概念都是抽象的，比如函数、向量、空间等。我们需要通过抽象思维去理解和把握这些概念，从而更深入地理解事物的本质和规律。这种抽象思维能力，让我们能够在处理复杂问题时，从更高、更广的视角去看待和分析问题。

更重要的是，数学的学习和研究，让我们拥有了解决问题的能力。在解决数学问题时，我们往往需要运用各种方法、策略和技巧，不断尝试、调整和优化。这种解决问题的过程，不仅锻炼了我们的思维，也让我们在面对生活中的各种挑战时，能够保持冷静、自信和坚定。这些能力，不仅仅在学术研究中有着重要的应用，更在日常生活中发挥着不可或缺的作用。无论是解决复杂的经济问题、法律问题，还是处理日常生活中的各种琐事,我们都需要运用逻辑思维、抽象思维和解决问题的能力。这些能力让我们在面对困难时能够迅速找到解决问题的方法,也让我们在生活中更加从容、自信和坚定。

数学作为一门基础的工具学科,在教育系统中具有不可替代的核心地位。

通过学习数学文化,不仅可以培养学生的逻辑思维和问题解决能力,还可以激发他们对数学的兴趣和热爱。数学文化将数学知识与教育实践相结合,帮助学生建立数学概念和方法的扎实基础,培养他们的数学思维能力和创新精神。

总之,数学文化,作为人类智慧的结晶,对未来发展寄予无尽希望与机遇。它不仅是科学巨轮破浪前行的基石,更是社会进步的不竭动力。尤其是在数字化、信息化日新月异的今天,数学文化的价值愈发凸显,为我们的生活带来了前所未有的便利和改变。让我们珍视这份宝贵的智慧财富,以数学之光照亮前行之路,共绘更加辉煌灿烂的未来篇章!

目录

第一章 绪论

一、研究背景与研究意义

习近平总书记在党的十九大报告中指出,培育和践行社会主义核心价值观,要以培养担当民族复兴大任的时代新人为着眼点。要强化教育引导、实践养成、制度保障,发挥社会主义核心价值观对国民教育、精神文明创建、精神文化产品创作、生产、传播的引领作用,把社会主义核心价值观融入社会发展各方面,转化为人们的情感认同和行为习惯。总书记告诉我们不仅要注重社会主义核心价值观的普及和传播,更要注重培养具有高尚品德、强烈责任感和使命感的新时代青年。这些青年应该具备坚定的理想信念、扎实的知识技能、良好的文化品质和创新能力,能够担当起民族复兴的重任。

2003年教育部发布了《普通高中数学课程标准(实验)》,对数学文化相关内容提出了明确要求。它强调将数学文化与高中数学学习内容紧密结合,选取适合学生发展的数学历史素材,如数学故事、数学家精神及数学史诗等,以展现人类在数学探索过程中的励志精神。数学作为一种卓越的文化形式,应让学生发现其内在规律,进而提升他们的人文素养。通过数学文化的角度,帮助学生更深入地理解自然科学与人文艺术,并培养他们解决社会问题的能力。此外,还应让学生体会数学的严谨性及其在生活中的广泛应用,以弥补素质培养方面的不足。最终目标是培养学生的创新思维,鼓励他们探索未知,求同存异,并激发他们的丰富想象力与持久的探索精神。

2017年版的《普通高中数学课程标准》强调"把'数学文化'融入课程内容",并贯穿于整个高中数学体系。在教学建议中,教师被鼓励有意识地结合教学内容,将数学文化融入日常教学中,旨在提升学生的科学精神、应用意识和人文素养。高中数学课堂融入数学文化教育,不仅与教育的功能目标相吻合,而且还能有效改善学生学习数学的现状。此举有助于培养学生的文化素养,加深他们的人文情怀,完美契合了教育的初衷。

2020年修订的《普通高中数学课程标准(2017年版)》强调"数学文化的融入"与"感悟数学的文化价值",并将其视为高中教育教学的核心内容。该标准还突出了数学与生活及其他学科的紧密联系。在课堂实践中,数学实践与文化的结合备受重视,旨在培养学生的数学文化意识。可见,推进数学文化教育已成为当今高中数学教学改革的关键内容。

课程标准版本	数学文化相关内容
《普通高中数学课程标准(实验)(2003年版)》	提倡体现数学的文化价值,并在适当的内容中提出对"数学文化"的学习要求
《普通高中数学课程标准(2017年版)》	提出"数学承载着的思想和文化,是人类文明的重要组成部分"
《普通高中数学课程标准(2017年版2020年修订)》	强调数学文化融入课程内容,并对数学文化进行了概念界定

(表:高中数学课程标准中数学文化相关内容)

从近三次高中数学课程标准的修订历程中,我们不难发现高中数学的教学目标正从应试教育的桎梏中解脱出来,逐步向"立德树人"的宏伟目标迈进。这一转变不仅彰显了教育理念的深刻变革,也体现了对数学教育本质的重新认识和定位。在这一背景下,数学文化的定位在课程标准中日渐清晰,其重要性日益凸显。数学文化不仅仅是数学知识和技能的载体,更是一种思想、一种精神和一种价值观的体现。因此,将数学文化融入教学的全过程,不仅能够丰富数学教学的内涵,还能够提升学生的文化素养和人文精神。

2016 年 9 月，国家发布了《中国学生发展核心素养》这一纲领性文件，旨在为学生的全面发展提供科学的、时代的和民族性的指导。这份文件的核心目标在于培养"全面发展的人"，并为此设定了"文化基础、自主发展、社会参与"三个方面的要求。其中，文化基础更是被视为人存在的根和魂，对于一个人的成长与发展具有举足轻重的作用。

文化基础的重要性在于，它强调了学生应当能够广泛涉猎人文、科学等多个领域的知识和技能，不仅要掌握这些领域的基本内容，更要能够熟练运用这些知识和技能。通过这样的学习和实践，学生可以深入了解和吸收人类优秀智慧成果，从而不断涵养内在精神，追求真善美的统一。

具体来说，文化基础的培养要求学生具备宽厚的文化底蕴，不仅要有广博的知识储备，还要有深厚的文化素养。同时，学生还应具备更高的精神追求，不仅要追求物质生活的满足，更要追求精神生活的丰富和升华。

文化基础是学生全面发展的基石，是学生成长成才的必经之路。通过加强文化基础的培养，我们可以培养出既有扎实的知识储备，又有高尚的道德情操，既有创新精神和实践能力，又有社会责任和担当精神的新时代人才，为国家的繁荣富强和民族的伟大复兴贡献力量。

（图：中国古代部分数学著作）

有人说,若一个人对《三国演义》《水浒传》和《红楼梦》等文学经典一无所知,可能会被认为文化素养不足。然而,对于那些不熟悉《九章算术》《周髀算经》和《孙子算经》等数学名著的人,却不会被视为文化缺失。究其原因,还是数学文化教育的缺位。在应试教育的大环境下,唯分数论大肆盛行,学生与家长过分重分数而轻素养,重结果而轻过程,学校也以终结性评价来评定学生。但随着教育改革的不断深入,过程性评价也在逐渐走进教育评价的中心,从知识教育走向能力教育,从知识到素养,逐渐开始关注核心素养的培养,而在教育教学中融入数学文化恰恰是提升数学核心素养的有效途径,通过对数学史与数学家思想、数学思维、数学审美、数学符号、数学应用等数学文化的融入,可以更好地提升学生的数学核心素养。

数学教育承载着"落实立德树人根本任务,全面发展素质教育"的功能。数学核心素养的提升是数学教学的最终目标,也就是说,学生应具备适应新时代社会生活所必需的数学能力。现代社会快速发展,国家对人才的要求越来越高。在学校教育中,学好知识是基础,培养素养才是目的。因此,学生数学核心素养的提升需要数学文化的有机融入,且融入数学文化也有助于学生多维度理解数学知识的本质,更有助于学校教育落实核心素养的培育,帮助学生形成社会所需要的品格和能力。

在最新修订的普通高中数学新课程标准中频繁提及数学文化,共计达到 29 次,这深刻地反映了数学文化在高中数学教学中的重要性和地位。这一强调不仅体现了对数学文化价值的认可,也揭示了教育改革对数学与人文相结合的诉求。多次提及数学文化,意味着新课程标准重视数学的文化内涵和历史背景。数学不仅仅是一系列公式和计算技巧,它更是一种深厚的文化现象,蕴含着人类智慧的结晶。通过学习和了解数学文化,学生可以更深入地理解数学的本质和意义,从而增强对数学学习的兴趣和动力。

对数学文化的强调既体现了对学生综合素质培养的重视,也是新课程改革中强调学科融合和跨学科学习的一种需要。数学文化的融入有助于学生形成全面的数学素养,提升他们的综合素质和竞争力,可以更好地理解数学在其他领域中的应用,促进学科之间的交叉融合,拓宽他们的知识视野。

从近年来在普通高中新课程标准指导下的高考数学命题也可以看出,数学文化在数学教育与评价中所占比重逐年增大,数学文化逐渐成为高考命题的热点话题。

如:2022年高考数学试题中就体现了很多的数学文化:甲卷理科第8题,引用了我国古代杰出科学家沈括所著《梦溪笔谈》中关于"会圆术"的圆弧长计算原理;新高考Ⅱ卷第3题,则是以中国古代建筑中的举架结构为题材,巧妙地设置了考题;而全国乙卷理科第4题,则以嫦娥二号卫星的实际情境为背景,进行了深入的考查。这些题目都巧妙地融入了我国古代的科技文化元素,使考生能够在答题的过程中,更深刻地领略中华文化的博大精深。如此多的以数学文化为背景的高考数学试题无不向数学教育界展示了数学文化的重要性与迫切性,同时呼应了新课程标准对数学文化的着重强调,为了更好地落实新课程标准的教育理念,将数学文化融入高中数学教学的全过程已刻不容缓。

目前,新课程标准十分强调核心素养与思维能力的培养,更加重视学生的综合能力、应用能力和创新思维能力的培养,注重提高广大学生的数学文化素养,这都为数学文化教学在中小学的开展奠定了理论基础,充分说明了党中央与教育部对数学文化在数学教学中的作用给予了充分的肯定。因此,有必要推广在高中数学教学中融入数学文化的教学研究,以推进素质教育更好地实施。

多年来,受多种因素影响,我国数学教育教学过于侧重知识的传授和数学技能的训练。在很多地方,教学方法显得刻板,类似于"填鸭式"教学,过于依赖大量的练习题来强化记忆,通过刷题提升成绩。这种做法严重打击了学生的学习兴趣,容易引发抵触情绪。它不仅与素质教育的核心理念背道而驰,也不利于学生核心素养的培育,更是与我国数学教育的根本宗旨相去甚远。因此,我们需要探索更为科学、合理的教学方法,真正激发学生的学习热情,促进他们的全面发展。为此,我们希望通过本书的研究为中学一线教师的课堂教学提供必要参考,通过对数学文化融入高中数学教学进行探讨,可以更深层次地为一线教师在教学中"如何去想,如何去做"提供一定的借鉴,具有一定的理论意义。

将数学文化融入高中数学的教学实践中,能够为高中数学课堂教学注入新的血液,使数学文化更好地、更有效地与数学课堂教学有机结合起来,以促进学生全面发展,提升数学素养,落实立德树人的根本要求。高中数学知识本身较为抽象,部分学生对此难以理解,学习兴趣不足,如果在教学过程中,能够将与高中数学知识相关的数学文化引入课堂,将二者有机融合,可以帮助教师改善教学方法,提高课堂教学质量,帮助学生更好地学习知识,具有一定的实践意义。

数学教学应当全面反映数学的历史、数学的应用和数学的发展趋势。通过追溯数学的历史渊源,学生可以深入了解数学思想的演变和数学方法的形成过程,从而更好地理解数学的本质和精髓。通过探索数学在各个领域的应用,学生可以感受到数学与现实世界的紧密联系,增强数学学习的实用性和趣味性。通过关注数学的发展趋势和前沿动态,学生可以拓宽视野,激发探索未知的勇气和创新精神。

数学教学还应深入剖析数学对社会发展的推动作用以及社会发展对数学发展的推动作用。这种双向互动关系揭示了数学与社会之间的紧密联系和相互促进。数学的发展不仅推动了科技进步、经济增长和社会文明的提升，同时也受益于社会进步带来的新需求和新挑战。这种认识有助于培养学生的社会责任感和创新精神，使他们能够在未来的社会发展中发挥更大的作用。

数学教学应当致力于协助学生了解到数学在人类文明发展中的独特作用，引导他们逐步形成正确的世界观、数学观。这也意味着数学教学不仅要传授知识和技能，更要培养学生的数学素养和思维品质。通过引导学生用数学的眼光寻找问题、用数学的思维解决问题，我们可以帮助他们更好地认识和理解这个世界，同时也为他们未来的学习和生活奠定更为坚实的基础。

可以说，随着数学课程标准的不断修订和完善，数学教育正在逐步走向全面、深入和多元化的发展道路。我们有理由相信，在不久的将来，数学教育将能够更好地培养出具有创新精神和实践能力的新时代人才，为社会主义的繁荣和发展做出更大的贡献。

二、研究问题与研究目标

近年来，对数学文化的研究逐渐增多，许多专家、教研员与一线教师都对数学文化在高中数学中的教学进行了研究，但是将数学文化真正融入课堂教学还需要更贴切的实践和更深入的探索，为了更好地研究这个领域，为高中数学教师教育教学提供理论和实践支持，本书确立的研究问题为：

1.数学文化融入高中数学教学的必要性与迫切性；

2.数学文化融入高中数学教学的现状调研与分析；

3.整合梳理高中数学新教材、新高考试题所体现的数学文化元素；

4.通过对数学文化教学案例和数学文化命题的分析，总结出数学文化融入高中数学教学的原则、策略和方法。

本书的研究目标主要是从数学文化的角度对高中数学课堂教学

案例、高考数学命题等进行研究,通过深入探索和研究,揭示当前高中数学教学中的一些局限性,探索数学文化对数学教学的重要性,并基于对数学文化的深入理解,研究高中数学教学中融入数学文化的可行性,梳理总结出高中数学教学中融入数学文化的原则、策略和方法。

随着高中数学新课程改革的不断深入,数学文化与高中数学教学的有机深度融合是非常必要且迫切的选择。高中数学教学融入数学文化的探索与实践,一定会转变教师的课堂教学方式与学生的学习方式,能够解决学生人文底蕴、科学精神、学习方法、健康生活、责任担当、实践创新等核心素养相对薄弱的问题,促进学生核心素养的发展;能够丰富教师的学科素养,解决教师学科视野相对狭窄、学科融入数学文化意识缺乏、课程开发实践能力薄弱等问题,提高教师课堂教学、课程开发、命题研究,从而进一步促进教师的专业成长。

三、研究方法与研究路径

1.本书研究方法:

(1)文献研究法:查阅学习与数学文化、高中数学教学等相关的政策文件、书籍文献,对相关研究进行整合与梳理,为本研究打下理论基础。

(2)文本分析法:采用文本分析法,对 2019 人教社 A 版数学教材的课程设置情况进行系统研究,梳理出融入数学文化的合理化建议,为后续调查教师如何对教科书中数学文化的体现提供依据,从而使得研究更具有现实意义,更客观,更实事求是。

(3)问卷调查法:从研究需要出发,与一线教师及在校学生进行探讨后,参考前人的相关研究,编制相应的调查问卷。在笔者工作的实验学校发放问卷,旨在了解高中生对数学文化融入高中数学教学的态度,以及数学文化融入高中数学教学的现状,为后续的教学研究提供必要的依据。

(4)访谈法:对所研究的实验学校的一线数学教师和全日制在校的高中学生进行访谈,以了解其对数学文化的态度和对数学文化融入高中数学教学的看法以及目前所面临的实际困境,做好访谈记录,并进行分析整理。

2.本书研究思路:

本书的研究思路经过深思熟虑,旨在深入探索并优化高中数学教学中数学文化的融入方式。以下是详细的研究路径:

首先,我们广泛查阅了相关的学术文献和经典书籍,深入研读教育部历次发布的高中数学课程标准,仔细钻研高中数学教材,并系统梳理了近年的高考命题。通过这一系列的文献回顾和资料整理,我们全面了解了高中数学教学的基本目标和要求,从而明确了本书的研究方向——探讨如何更有效地在高中数学教学中融入数学文化。

其次,我们针对高中数学教学中数学文化的融入现状进行了深入的调研。通过问卷调查、访谈等方式,我们收集了大量一线教师、学生和家长的意见和反馈,从中发现了一系列教学中存在的问题和挑战。这些不仅为我们的研究提供了宝贵的素材,也为我们指明了改进的方向。

接着,我们基于调研结果,精心设计了多个融入数学文化的高中数学教学案例。这些案例既符合高中数学教学的实际需求,又充分展现了数学文化的魅力。同时,我们还命制了融入数学文化的高考试题,通过反复对比研究,从中筛选出最具代表性的案例。

最后,我们对选取的案例和命题进行了深入的研究和分析。通过对比不同案例的教学效果,我们总结出了高中数学教学中融入数学文化的系统性的教学原则、策略和方法。这些原则、策略和方法不仅具有理论指导意义,也具有较强的实践操作性,可以为广大高中数学教师提供有益的参考和借鉴。

综上所述,本书的研究思路既注重理论探讨,又关注实践应用,旨在通过深入的研究和分析,为高中数学教学中数学文化的融入提供一套科学、系统的教学方案。

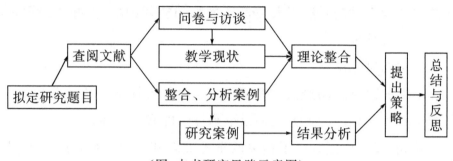

(图:本书研究思路示意图)

四、研究综述与文献回顾

1. 文化

在西方,"文化"的定义有一百多种,比较典型的有:

1871年,英国人类学家爱德华·泰勒在《原始文化》中定义文化是包括全部的知识、信仰、艺术、道德、法律、风俗等多方面的复合体,并强调了个体在社会中获得的能力与习惯。这一描述性定义相对宏观,涵盖了文化的多个方面。而到了1905年,斯莫尔进一步拓展了文化的定义,认为文化不仅包括人们为达成目的所使用的技术和器械,还涵盖了治理手段和精神才能。这一定义将文化的范畴延伸至精神层面。

在中国,对"文化"一词的研究也有悠久的历史。

据文献查阅,"文化"最早源于《周易》:"刚柔交错,天文也。文明以止,人文也。观乎天文,以察时变;观乎人文,以化成天下。"此处将"文化"二字分开进行说明,直到现在文化一直没有公认的定义。当前接受程度较高的当属《辞海》中对文化的定义:文化广义指人类在社会实践过程中所获得的物质、精神的生产能力和创造的物质、精神财富的总和;狭义指精神生产能力和精神产品,包括一切社会意识形式:自然科学、技术科学、社会意识形态。

综上,文化,作为人类历史与社会发展的结晶,其内涵历经时间的洗礼而不断演变,既具有深厚的历史底蕴,又体现着鲜明的时代特征。文化的本质,在于它凝聚了人类社会所有的物质与精神财富,是人类智慧的结晶。谈及"数学文化",目前尚未形成统一而明确的定论。

2. 数学文化

从狭义的角度来看,数学文化主要涵盖了数学的思想、精神、方法、观点以及语言,这些元素共同构成了数学文化的核心,并随着数学的不断发展而逐渐丰富和完善。而从广义的角度来解读,数学文化则不仅仅局限于上述的内涵。它还包括了数学家们的生平事迹、数学史的发展脉络、数学的美学价值以及数学教育的理念与实践等多个方面。这些元素共同拓展了数学文化的边界,使其成为一个更加丰富多彩、包容并蓄的领域。无论是狭义还是广义的理解,数学文化都承载着人类对于数学这门学科的深刻理解和热爱。它不仅是数学家们探索未知、追求真理的精神家园,更是广大数学爱好者领略数学之美、感受数学之魅力的重要途径。因此,深入研究和推广数学文化,对于促进数学学科的发展、提升公众的数学素养具有重要意义。

1905 年,德国数学家克莱因在《数学教学要目》中强调:数学教学应整合不同领域,加强数学与其他学科的交融;以函数思想和空间想象能力为核心,奠定数学教学的基础;并重视数学的应用,避免过度注重形式训练。这表明,国外数学界已开始聚焦数学应用与思想,数学文化逐渐崭露头角,随后围绕数学文化的研究不断涌现。

20 世纪 80 年代,怀尔德在《作为文化系统的数学》中首次提出"数学是一种文化"的观点,强调应将数学置于整个文化背景中考查,并将其视为文化的一个开放子系统。这一观点及其相关理论体系标志着数学文化概念的初步形成,为数学研究提供了新的视角。

美国知名数学教育家克莱因,在其著作《西方文化中的数学》中,明确指出了数学在现代文化中的核心地位。他强调,数学不仅是塑造现代文化的重要动力,而且是文化发展中不可或缺的一环。克莱因从宏观与微观两个维度深入剖析了数学的文化价值,尤其强调了数学在培育民族理性精神和塑造优秀思维习惯方面的重要作用。在那个时期,学术界开始广泛接受"数学是一种文化产品"的观点。

1989 年,美国首次发布国家性《学校数学课程评价标准》,对"数学素养"提出明确要求:理解数学的价值,掌握数学交流技巧,并注重培养应用数学意识和合作精神。2000 年,英国数学课程标准也强调,学习数学应促进学生在文化层面的发展,包括欣赏数学对人类文化的独特贡献,认识数学在高科技时代的重要性,以及不同文化背景下数学对现代数学发展的推动作用。随着数学文化研究的深入,各国课程改革均将数学文化置于重要地位,数学文化教育改革已成为全球数学教育教学的重要议题。

3.国内数学文化

近年来,国内学者也进行了深入的研究和探索。有关数学文化教学研究的文献非常多,但很多文献只是笼统地给出了栏目分布、每一章节中体现数学文化的数目或者一句话概述有关数学文化,并未提及数学文化的具体内容以及如何融入教学,所以削弱了对教学的指导性。也有少数学者对数学文化进行了详细的梳理,但是仅以数学史为主,忽略了数学文化的其他组成部分。

分析国内数学文化相关文献年度分布情况可以发现,"数学文化"在数学家、大学教授、教研员、一线教师、教育专业研究生中都有大量的研究,可以看出"数学文化""小学数学""高中数学""高中数学教学""核心素养"是当下数学文化领域研究的主要方向,而且可以看出数学文化的研究种类繁多,数量庞大,可以确定数学文化仍是研究者们较为感兴趣的研究领域。对文献进行梳理可以发现，目前对于数学文化的研究中，以下几个主题的相关研究较多：

（1）关于数学文化的内涵研究

在国内，孙小礼教授率先涉足数学文化领域，她参与编写了国内首部数学文化研究专著《数学与文化》。在书中，她强调数学并非仅是技巧堆砌的学科，而是对现代社会的思想形成具有举足轻重的地位，是构成现代文化不可或缺的重要力量。

顾沛教授在《数学文化》一书中对数学文化进行了深入剖析。他认为，狭义上，数学文化主要涵盖了数学的思想、精神、方法和观点，以及它们的演变历程；而广义上，数学文化还涉及数学家、数学史、数学美学、数学教育以及数学与社会、文化的多维度关系。这种定义方式既具体又全面。

郑毓信教授认为，数学是"数学共同体"在特定文化环境中进行的创造性活动。黄秦安教授则指出，数学的科学体系是数学文化的核心所在，它涵盖了数学理论、知识、精神、方法和技术等多个方面，共同构成了一个功能强大的生态系统。

张祖贵教授在《数学文化与数学教育》中详细阐述了数学文化的主要内容，包括推动数学发展的人类文化、作为文化发展典范的数学本身，以及数学对人类文化发展的深远影响。这使我们深刻认识到数学与社会发展、人类文化的紧密关系。

张奠宙教授在《数学文化的一些新视角》中认为，数学文化体现了在特定社会历史背景下，从事数学活动的团体和个人所展现出的民族特色、传统习俗、规则遵循和思想方法等多方面的综合体现。

王梓坤教授指出："数学文化比单纯的数学知识体系拥有更为丰富和深刻的内涵，它是对数学知识、技能、能力和素养等概念的全面概括。"这为我们理解数学文化的深度和广度提供了新的视角。

（2）关于高考试题的研究

教育部考试中心的任子朝、赵轩两位研究员从高考数学的育人功能角度进行了研究,发现数学名著、数学名题和数学家及其生平故事这三种是高考数学主要涉及的数学文化,指出了数学教学要充分发挥思想教育、思维体操和文化传承三方面的作用,体现数学在价值导向和思维培养方面的特殊作用。

国家命题研究专家杨正朝等人,针对"2020～2022年高考数学全国卷"进行了数学文化类试题的深入评析。他们详细探讨了数学文化类型、试题融入方式、数学教育价值理念、知识点分布、学生答题预期以及阅读量等六个维度。经过研究,他们发现数学文化试题的类型分布存在不均衡现象,试题所涵盖的知识点日益丰富,同时对学生的阅读理解能力也提出了更高的要求。

与此同时,常海斌教授从数学文化的独特视角对"2022年全国高考试题"进行了全面剖析。他聚焦于数学文化的融入策略、试题的题型与编号、数学文化的具体类型、数学文化背景以及考查的核心内容等多个方面。他还特别选取了几道具有代表性的考题进行了深入赏析,并基于试题的显著特征,为教师们提供了一系列有针对性的教学建议。

以上诸位专家的研究成果不仅为我们揭示了高考数学文化类试题的新特点和新趋势,也为一线教师提供了宝贵的教学参考和指导。

（3）关于课堂教学的研究

孙媛媛硕士对数学文化融入高中数学课堂教学的方法和途径进行了研究,提出四种方法:数学解题传播数学思想和方法、数学语言承载数学文化内涵、数学知识形成过程展现数学文化背景、校本课程完善数学与各种文化的联系。在数学课堂教学中,为了更好地实现数学文化与数学课程的有机融合,我们的数学教育要"源于文化,基于文化,为了文化"。

陈毅教授发现当前高中数学文化融入仍存在一些问题,提出以下建议:加强教师培训、多方协作开发数学文化相关教学资源、加大数学文化试题评价研究力度。数学文化可以基于行为主义、认知主义、建构主义的学习理论指导,并以"遵循原则、情境创设、自主建构、氛围营造、平台搭建"等策略将数学文化融入高中数学教学。

课程教材研究所的王嵘对数学文化融入中学教科书的内容与方法进行了细致研究,总结了四种方法:片段式、旁注式、问题式、短文式;并对高中教科书(2019 版)中数学文化的分布与案例分析进行了举例说明。综上所述,数学文化相关研究数量多,辐射范围广,从数学文化的内涵、相关高考试题以及数学文化融入小学、初中、高中数学教学等方面都有深入的研究。

徐世翔教授在总结自己的教学实践时指出,数学教学中数学文化功能的融入可以从四个主要方面来实施:显性、隐性、理性和悟性。他强调以爱国主义为核心,在课堂教学中灵活运用历史资料和具有思想深度的数学文化素材,从而进行数学文化教育。同时,他主张运用辩证唯物主义的观点,深入挖掘数学教材内容中的数学文化功能。此外,他提倡在数学教学中加强理性精神的培养,帮助学生形成坚韧不拔的意志、实事求是的科学态度以及勇于创新的精神。最后,他还提到要认识到数学潜在的文化内涵,欣赏数学的美学价值,进而达到陶冶情操、完善人格的目的。

经过对国内外相关学术成果的深入研究和仔细分析,我们不难发现,在数学文化的融入方式上,国外教育者与国内教育者存在明显的差异。国外在推行数学文化时,更倾向于采取全方位的融入策略,不仅在宏观层面注重构建良好的数学文化大环境,以期通过潜移默化的方式熏陶学生,还在微观层面将数学文化内容积极贯穿到数学课堂教学的各个环节中。这种全方位的融入方式，无疑使得学生在日常学习和生活中都能深刻感受到数学文化的魅力，进而对数学产生更加浓厚的兴趣。

相较之下，国内在数学文化的研究推广上，虽然取得了很大进展，但仍有很大空间。目前，国内主要是通过开设独立而系统的数学文化课，试图通过直接的"理论灌输"来向学生传递数学文化的精髓。然而，这种方式往往忽视了数学文化与日常数学教学的有机结合，导致数学文化与实际教学脱节，难以取得理想的效果。此外，过于强调理论知识的灌输，也可能使学生感到枯燥乏味，失去对数学文化的兴趣。

因此，为了更有效地研究推广数学文化，我们需要借鉴国外的成功经验，结合国内实际情况，探索出更加适合我们本土教育的数学文化融入方式。这既需要我们在宏观层面构建更加完善的数学文化环境，又需要我们在微观层面将数学文化内容更加巧妙地融入日常数学教学过程中。只有这样，我们才能真正发挥出数学文化应有的教育价值，培养出更多具有数学素养和创新精神的优秀学生。

第二章　数学文化的理论基础

一、数学文化的概念与内涵

2020 年修订的《普通高中数学课程标准(2017 年版)》明确提出：数学文化是指数学的思想、精神、语言、方法、观点，以及它们的形成和发展；还包括数学在人类生活、科学技术、社会发展中的贡献和意义，以及与数学相关的人文活动。

历史长河中，宏观地审视数学的演变和进步，是深刻揭示其文化层面不可或缺的方式。然而，除却这一宏观的历史视角，微观层面同样蕴藏着丰富的数学文化底蕴。具体来说，从一个个具体的数学概念、数学方法和数学思想中，我们能够窥见数学文化的深厚内涵。数学文化，不仅体现了数学的人文和科学价值，更在培养学生核心素养的教育中发挥着举足轻重的作用。

数学文化，作为人类文化的一种独特表现形式，其内容、思想、方法和语言都是现代文明不可或缺的重要组成部分。它涵盖了数学的思想观念、思维方法和习惯风尚等诸多方面，其核心在于数学的理性精神。这种理性精神表现为对数学世界的探索与质疑、对真理的不懈追求以及对公理和规则的尊重与遵守。数学家克莱因曾深刻地指出："数学，在最广泛的意义上，是一种精神，一种理性精神。这种精神激发了人类思维的最高境界，影响了人类的物质、道德和社会生活，并试图回答关于人类自身存在的深刻问题。它努力使我们理解并控制自然，深入探索知识的内在本质。"

数学的一个显著特点是其逻辑思维的严密性。这种思维方式和内在精神，塑造了人们严谨、精确的科学态度，培养了理性、自律、勤奋、真实和自强等优秀品质。同时，数学也赋予人们开拓创新的勇气和力量。在数学的世界里，"规则"是至高无上的权威。对规则的敬畏感能够迁移至人们的思想和行为上,使人们对秩序、规则和条例产生自觉遵守的意识,进而成为遵纪守法、自律诚实的公民。

此外,数学学习与探索是一个需要付出艰辛努力的过程。只有通过不懈的奋斗和坚持,才能领略到数学内在的真谛和魅力。因此,长期学习数学的人往往具备勤奋、自强和自信的人格品质。数学的学习过程本质上是一种"再创造、再生成"的过程。每一个数学问题的解决都凝聚着学习者的智慧和新思路,这些新思路、新方法和新观念的不断涌现,正是数学培养理性思考能力的非凡之处。

从宏观历史角度审视数学进步,是揭示其文化层面的关键途径。然而,除了宏观视角,微观层面同样重要,即通过具体数学概念、方法和思想揭示数学的文化底蕴。数学文化不仅展现其人文和科学价值,更在培养学生核心素养中扮演关键角色。

在《现代汉语词典》中,"融入"被赋予了这样的定义:一种事物或力量逐渐渗透到其他领域或方面,尤其适用于抽象概念。因此,"融入数学文化"意味着将正确的思想、观点、精神和情操等,以潜移默化的方式,有意识地传递给教育对象,使其在不知不觉中接受教育的影响。

数学的一大鲜明特性在于其逻辑思维的无懈可击。这种独特的思维方式和精神内核,塑造了人们严谨、精确的科学态度,进而培育出理性、自律、勤勉、真实、自强等优秀品质。同时,数学也赋予了人们勇于创新、敢于突破的精神素质。数学的权威源自其"规则"的严谨性,这种对规则的敬畏进而影响到人们的思想和行为,使人们自觉遵守秩序、规则和条例,成为遵纪守法、自律诚实的典范。此外,数学学习需要长期的努力和坚持,这也使得长期投入数学学习的人更容易形成勤奋、自强、自信的人格特质。更值得一提的是,数学学习的过程本质上是一种"再创造、再生成"的过程,每个问题的解决都映射出学习者独特的思维路径、方法和观念,因此,数学在培养人们的理性思考能力方面,具有不可替代的重要作用。

本书所探讨的数学文化,并非单纯指数学学科本身的知识体系,而是侧重于教育者在数学课堂上,依据特定的教育目标,有计划、有系统地对受教育者——学生,施加思想、政治和道德等多方面的深远影响。这一教育过程旨在通过学生的积极参与、深刻体验和主动实践,使他们不仅能够掌握数学知识,更能形成健全的品德与独特的思维方式。

具体而言,数学文化在这里被赋予了更为丰富和深刻的内涵。它不仅是教育者有意识地培养学生品德与思维的一种教育活动,更是一种全面育人的过程。在这个过程中,教育者不仅要传授数学知识,更要注重培养学生的数学素养,引导他们用数学的眼光观察世界,用数学的思维分析问题,用数学的方法解决问题。

同时,数学文化强调学生在教育过程中的主体地位。学生不再是被动接受知识的容器,而是成为主动探索、积极实践的主体。学生通过亲身参与数学活动,体验数学的魅力,感悟数学的智慧,从而在思想上得到升华,在品德上得到陶冶,在思维上得到锻炼。

因此,本书所研究的数学文化,既是一种教育理念,又是一种教育实践。它致力于将数学教育与学生的全面发展紧密结合,通过数学文化的熏陶和浸润,培养出既有扎实数学基础,又具备良好品德和创新思维的新时代人才。

二、数学文化的发展历程

数学文化,作为人类文明的重要组成部分,其发展脉络源远流长,内涵丰富且深邃。从早期的结绳计数到现代的信息科学,数学始终扮演着至关重要的角色。数学文化的起源可追溯至远古时代,当时的人类通过简单的计数和测量来认识世界。随着文明的进步,数学逐渐从实际生活中抽象出来,形成了独立的学科体系。

古埃及人利用数学进行建筑设计和农业测量,其计数系统和几何知识为后世数学发展奠定了基础。古巴比伦人则发展了一套独特的数学体系,用于解决商业和宗教问题。古希腊数学是古代数学文化的巅峰,毕达哥拉斯、欧几里得等数学家们通过严密的逻辑论证,将数学推向了更高的层次,特别是在几何学和数论方面取得了显著的成就。

进入中世纪,数学文化经历了深刻的变革。古希腊数学家欧几里得的《几何原本》成为几何学领域的经典之作,这标志着公理化方法的诞生,为数学发展奠定了坚实的基础。同时,阿拉伯数学家们积极搜集、翻译古希腊的数学著作,并将这些宝贵的知识,以及印度数码、计数法,还有中国的四大发明传播至欧洲。在这一过程中,他们不仅推动了代数的发展,创立了解决方程的方法,还得出了一元二次方程的求根公式,更将三角学发展为一门独立且系统的学科,为数学文化的繁荣做出了卓越的贡献。

近代以来,随着文艺复兴和工业革命的到来,数学文化在欧洲得到了迅猛的发展。微积分、概率论、数理逻辑等新兴数学分支相继诞生,这些新的数学理论和方法为自然科学和工程技术的发展提供了坚实基础。同时,数学教育也逐渐普及,成为欧洲教育体系中的重要组成部分。代数、几何、分析等分支学科的融合与交叉,形成了现代数学的多元化格局。数学家们运用严密的逻辑和精确的计算,为科学技术的进步提供了强大的支撑。

到了现代,数学文化在全球范围内都得到了广泛的传播和发展。随着计算机技术的兴起,数学在各个领域的应用越来越广泛,数学文化也开始渗透到社会生活的各个方面。数学与其他学科的交叉融合,如数理经济学、生物数学等,为解决实际问题提供了新的视角和方法。各种国际数学竞赛、学术会议和文化交流活动不断开展,为数学家们提供了更多的交流和合作机会,也推动了数学文化的全球化发展。

可以说,国外数学文化的发展历程是一个不断演进、不断创新的过程。从古代的实用数学到近代的理论数学,再到现代的应用数学,国外数学文化在不断适应时代需求的同时,也在不断推动人类文明的进步和发展。

同样,国内数学文化的发展历程也是一个漫长且不断演进的过程,它深受历史、社会、文化等多方面因素的影响。在古代,数学文化的发展主要体现在算术和代数的探索上。先秦时期的《尚书》中就包含了算术运算方法,这体现了数学在日常生活中的实际应用。随着时间的推移,数学逐渐从具体的算术运算抽象为更一般的代数理论。然而,这一时期的数学文化主要局限于少数精英阶层,并未在社会中广泛传播。

到了近代,随着西方文化的传入,数学文化开始在中国社会得到更广泛的关注。数学教育逐渐普及,不仅在家教和私塾等传统教育形式中有所体现,也在新式学堂中占据重要地位。这一时期的数学文化开始与西方数学文化进行交流和融合,吸收了许多新的数学思想和方法。

进入现代,国内数学文化的发展进入了一个全新的阶段。在西方文化的影响下,现代数学在中国得到了迅速发展。数学教育体系不断完善,数学课程不仅注重知识的传授,更强调数学思维和能力的培养。同时,随着科技的发展和社会的进步,数学在各个领域的应用也越来越广泛,数学文化开始渗透到社会生活的各个方面。

近年来,国内对数学文化的重视程度不断提高。越来越多的学者开始关注数学文化的教育价值和社会意义,积极探索数学文化与其他学科文化的交叉融合。此外,各种数学文化活动如数学竞赛、数学讲座、数学展览等也如火如荼地开展,为公众提供了更多了解和体验数学文化的机会。可以说国内数学文化在不断适应时代需求的同时,也在不断推动社会的发展和进步。

综上所述,数学文化的发展是人类智慧的结晶,它不仅改变了我们对世界的认识,而且推动了人类文明的进步。在未来,随着数学文化的不断发展和创新,我们有理由相信,数学将继续在各个领域发挥重要作用,为人类社会的进步贡献力量。

三、数学文化与数学教育的关系

1.数学文化对数学教育具有促进作用

2020年修订的《普通高中数学课程标准(2017年版)》明确要求"数学课程应适当反映数学的历史、应用和发展趋势,数学对推动社会发展的作用,数学的社会需求,社会发展对数学发展的推动作用,数学科学的思想体系,数学的美学价值,数学家的创新精神。数学课程应帮助学生了解数学在人类文明发展中的作用,逐步形成正确的数学观"。

数学文化作为数学思维、数学知识和数学应用融入人们的日常生活、教育和社会中的一种现象,它的存在对于教育领域具有重要价值和深远意义,它不仅帮助学生更好地理解和运用数学,还培养了学生的逻辑思维、创新思维以及解决问题的能力。具体表现在以下几个方面:

(1)数学文化的学习可以帮助学生提高数学素养和学术能力

数学是一门普遍存在于各个学科和领域的学科,学生通过学习数学文化可以更好地理解其他学科的知识和方法。同时,数学文化的学习还能够培养学生的逻辑思维和解决问题的能力,提高他们解决实际问题的能力。

(2)数学文化对学生的思维习惯和思考方式的塑造具有重要意义

数学文化的学习过程需要学生进行抽象思维、逻辑推理和创新思维等一系列认知过程,这将对学生的思维方式产生积极的影响。通过数学文化的学习,学生能够形成严谨的思维方式和科学的思考模式,提高他们分析问题、解决问题和创新思维的能力。

(3)数学文化的学习还有助于培养学生的数学兴趣和学习动力

数学作为一门抽象的学科,往往被学生视为枯燥和困难的学科。然而,通过学习数学文化,学生能够了解到数学的应用和实用价值,激发他们对数学的兴趣和热爱。培养学生的数学兴趣和学习动力,将有助于提高他们的学习效果和学业成绩。

(4)数学文化的学习对于学生的综合发展和个性培养具有促进作用

数学文化的学习过程需要学生进行团队合作、交流和分享,这将培养学生的合作精神和沟通能力。同时,通过展示自己的数学作品和项目,学生能够展示自己的才华和创造力,提高他们的自信心和自我认知。这种全面的发展和个性培养,将为学生的未来发展打下坚实的基础。

综上所述,数学文化对数学教育有着重要的影响和促进作用。数学文化的概念与重要性需要在数学教育中得到充分的重视和发展。只有通过深入挖掘与传承数学文化,才能够更好地促进数学教育的发展,提高数学教育的质量和水平。数学文化将在数学教育中发挥越来越重要的作用,为培养具有创新精神和独立思考能力的数学人才做出更大的贡献。对数学文化与数学教育关系的深入研究和探索将有助于推动数学教育事业的不断发展和完善。

2.数学教育在传承数学文化方面起着重要作用

通过数学教育的过程,学生们会接触到各种数学知识和思维方法,并逐渐形成对数学的认知和理解。在这个过程中,数学教育扮演着引领和指导的角色,帮助学生建立正确的数学观念和方法。同时,数学教育也为学生提供了探索数学文化的机会,促使他们对数学文化的发展起到积极的影响。

(1)数学教育通过教学内容的设计,将数学文化融入教学过程中在教学中,教师可以通过引用数学文化背景的例子、故事或者问题,引起学生的兴趣和思考。例如,在讲授"平面几何"的时候,可以引用古希腊数学的发展历程,让学生了解几何学的起源和重要性。通过这种方式,教师不仅能够增强学生对数学知识的理解,还能培养学生对数学文化的兴趣和热爱。

(2)数学教育提供了学生进行数学实践和研究的平台,促进了数学文化的形成和传承

在数学教育中,学生通过解决实际问题、进行数学建模等活动,将数学知识应用到实际生活中。这些实践活动不仅培养了学生的数学思维和创新能力,也帮助学生更深入地了解和认识数学的价值和作用。同时,通过学生的实践和研究成果,也可以为数学文化的发展提供新的资源和创新的思路。

(3)数学教育还通过培养学生的数学素养和文化素养,为数学文化的传承和发展做出贡献

数学素养是指学生掌握数学知识和技能的能力,而文化素养则是指学生对数学的认知和理解的深度和广度。通过系统的数学教育,学生可以逐渐建立起坚实的数学基础,并培养出对数学的掌握和应用能力。同时,数学教育还注重培养学生的批判性思维、创新思维和跨学科思维等能力,使得学生能够更好地将数学知识与其他学科相结合,为数学文化的传承和发展做出更大的贡献。

总而言之,数学教育在培养数学文化方面发挥着重要作用。通过融入数学文化的教学内容、提供数学实践和研究的平台、培养学生的数学素养和文化素养等方式,数学教育促进了学生对数学文化的认知和理解。随着数学教育的不断发展和完善,数学文化也将得到更好的传承和发展,为培养具有创新精神和独立思考能力的数学人才做出更大的贡献。

第三章　高中数学教学现状分析

一、高中数学教学的目标和特征

随着新一轮高考改革的进一步落地实施，高中教育正迈入前所未有的变革中。高中数学作为高中教学的核心科目之一，在新高考背景下的教学问题备受关注。

2020年修订的《普通高中数学课程标准（2017年版）》为高中数学课程设定了清晰而明确的目标，旨在通过深入的学习，使学生能够全面掌握数学的基础知识、技能、思想以及活动经验，这被概括为"四基"。这一目标的设定，不仅有助于学生在数学领域构建起坚实的知识体系，更能够为他们未来的学习和发展提供有力的支撑。

除了"四基"之外，课程还特别强调了对学生"四能"的培养，即提升他们发现问题、提出问题、分析问题和解决问题的能力。这种能力的培养，要求学生不仅要掌握数学理论知识，更要能够运用所学知识独立思考，创造性地解决生活中的实际问题。

通过高中数学课程的深入学习，学生不仅能够掌握数学知识，更能够发展出数学抽象、逻辑推理、数学建模、直观想象、数学运算、数据分析等学科核心素养。这些核心素养不仅是学生未来学习和职业发展的基石，更是他们面对复杂问题时的重要武器。

高中数学课程的学习还能够激发学生对数学的兴趣，增强他们学好数学的自信心。在学习的过程中，学生会逐渐养成良好的数学学习习惯，发展出自主学习的能力。这种能力不仅在数学领域有所体现，而且能够为学生其他学科的学习提供有力的支持。

高考数学学科素养，如理性思维、数学应用、数学探索和数学文化，侧重于对学生在高考中所需展现的数学能力和品质的考查。这些素养不仅要求学生具备扎实的数学基础知识，还要求他们能够将数学知识应用于实际问题中,具备探索和创新的能力,并深入理解数学文化的内涵和价值。

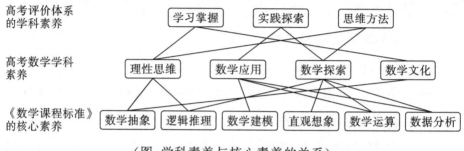

（图：学科素养与核心素养的关系）

高中数学核心素养、高考数学学科素养和高考评价体系的学科素养之间,存在着相互促进、相互补充的关系。它们共同构成了学生在数学学习和发展过程中的完整框架,有助于全面提升学生的数学能力和综合素质,为他们的未来发展奠定坚实的基础。

在实际教学中,教师应注重培养学生的这些素养,通过创新教学方法和手段,激发学生的学习兴趣和积极性,帮助他们掌握数学知识和技能,提高数学能力和综合素质。同时,教师还应关注学生的个体差异和多样性,提供个性化的学习指导和支持,促进每个学生的全面发展。

此外,数学课程还致力于培养学生的科学精神和实践能力。通过不断地质疑、思考和探索,学生将逐渐树立起严谨求实的科学态度。他们会在实践中不断提升自己的创新意识,将数学知识转化为解决实际问题的能力。

最重要的是,通过学习数学,学生能够深刻认识到数学的科学价值、应用价值、文化价值和审美价值。数学不仅是一种工具,更是一种思维方式,一种文化精神。它不仅能够解决现实生活中的问题,更能启迪人们的智慧,丰富人们的精神世界。

因此,高中数学课程的学习对于学生来说是至关重要的。它不仅关乎学生个人的学业发展,更关系到他们未来能否成为一个有思想、有创新精神、有能力解决复杂问题的优秀人才。

总结多年来高中数学教学的实践经验,归纳得出高中数学教学具有以下几个基本特征:

1.高中数学教学注重知识的系统性和层次性

在高中数学教学中,教师需要将数学知识按照一定的系统和层次进行组织和教学,使学生能够循序渐进地学习和掌握数学知识。通过逐步学习和理解,学生能够建立扎实的数学基础,为未来的学习和应用打下坚实的基础。同时,高中数学的学习过程需要较多的时间和精力投入。在有限的教学时间内,教师需要对大量的数学知识进行教学和讲解,使学生能够全面理解和运用。同时,学生也需要花费大量的时间进行课后练习和巩固,提高数学的应用能力和解题能力。

2.高中数学教学注重概念的理解和应用

数学概念是数学学习的基础,高中数学教学不仅要求学生准确地掌握各种数学概念,还要培养学生对这些概念的深入理解和灵活运用的能力。通过对实际问题的分析和解决,学生能够将数学概念应用于实际情境中,提高数学的应用能力。高中数学教学注重理论联系实际。在数学教学中,教师需要将数学的理论知识与实际问题相结合,引导学生将数学知识应用于实际生活中,培养学生的应用问题解决能力。高中数学教学注重抽象思维的发展。数学是一门抽象的学科,高中数学教学通过引导学生理解和运用抽象概念、符号和思维方式,培养学生的抽象思维和数学思维。

3.高中数学教学注重思维能力的培养

数学教学旨在培养学生的数学思维能力,包括逻辑思维、抽象思维和创造思维等。高中数学教学通过引导学生分析和解决问题,培养学生的逻辑推理能力和创造性思维。同时,数学教学也注重培养学生的数学思考能力,使学生能够独立思考和解决数学问题。同时,高中数学的内容相对抽象和深奥,对学生的逻辑思维和抽象思维能力要求较高。学生需要理解和掌握各种抽象概念、符号和定理,同时能够将其运用于实际问题的解决中。这对学生的思维能力和数学素养提出了较高的要求。高中数学教学强调逻辑思维的培养。数学是一门严谨的科学,逻辑思维在其中起着至关重要的作用。高中数学教学通过引导学生进行逻辑推理、证明和思辨,培养学生的逻辑思维和思考能力。

二、高中数学教学的方法与手段

高中数学作为基础教育阶段的重要学科,其教学方法与手段的选择直接关系到学生的学习效果和兴趣培养。随着教育理念的更新和科技进步的推动,高中数学的教学方法与手段也在不断地丰富和发展。

（一）教学方法

1. 讲授法

讲授法是高中数学教学中最基本、最常用的方法之一。它通过教师的口头讲解,系统地传授知识,帮助学生理解数学的基本概念、原理和方法。在讲授过程中,教师可以结合生活实例、图表、模型等辅助工具,使抽象的数学概念变得具体、生动。同时,教师还需要注意与学生的互动,鼓励学生提问和发表意见,激发学生的思考和探索欲望。

2. 启发式教学法

启发式教学法注重引导学生主动思考、自主发现问题并解决问题,从而深入学习数学。在这种方法中,教师的角色从单纯的知识传授者转变为学生学习道路上的引导者和助推者。通过巧妙设计富有启发性的问题或情境,教师能激发学生逐步深入探索数学知识的兴趣,进而培养他们的独立思考能力和创新精神,使他们能够在学习过程中不断成长与进步。

3.讨论法

讨论法是一种以学生为主体的教学方法,它鼓励学生通过小组讨论、班级辩论等形式,围绕某个数学问题或观点发表意见和看法。这种方法有助于培养学生的团队协作能力和沟通能力,同时也能帮助学生从不同角度理解数学问题,拓宽思维视野。

4.案例分析法

案例分析法是一种通过具体案例来学习数学知识和方法的教学方法。教师可以选择一些与现实生活紧密相关的数学案例,引导学生进行分析、讨论和解决。这种方法能够使学生更加直观地理解数学的应用价值,提高学生的学习兴趣和动力。

(二)教学手段

1.多媒体教学

随着信息技术的快速发展,多媒体教学已经成为高中数学教学中不可或缺的教学手段。通过多媒体课件、视频、动画等形式,教师可以将抽象的数学概念以直观、生动的方式呈现出来,帮助学生更好地理解和掌握知识。同时,多媒体教学还能提高课堂的互动性和趣味性,激发学生的学习兴趣和积极性。

2.网络教学

网络教学是一种利用互联网进行数学教学的新型手段。通过网络平台,教师可以发布教学视频、课件等资源,供学生自主学习和复习。学生也可以通过网络进行在线提问、讨论和交流,实现师生之间的即时互动。网络教学打破了时间和空间的限制,使学生能够随时随地学习数学,提高学习效率和灵活性。

3.实验教学

实验教学是高中数学教学中一种重要的实践教学手段。通过组织数学实验活动,让学生亲自动手操作、观察和分析数学现象,从而加深对数学知识的理解和应用。实验教学能够培养学生的实践能力和创新精神,同时也能提高学生的数学学习兴趣和自信心。

4. 合作学习

合作学习是一种以小组为单位进行学习的教学手段。在合作学习中,学生需要相互协作、分工合作,共同完成任务和解决问题。这种教学手段能够培养学生的团队协作能力和沟通能力,同时也能帮助学生从不同的角度和思维方式来理解和解决数学问题。

在实际教学中,教学方法与教学手段往往不是孤立存在的,而是相互融合、相互补充的。例如,在讲授法中可以融入多媒体教学手段,使讲解更加生动直观;在启发式教学法中可以结合实验教学手段,让学生在实践中发现问题、解决问题;在讨论法中可以利用网络教学手段,拓宽学生的交流渠道和思维空间等等。

随着教育理念的更新和科技的不断进步,高中数学的教学方法与教学手段也在不断地优化和创新。一方面,教师可以根据具体的教学内容和学生的实际情况,灵活选择和应用不同的教学方法和手段;另一方面,教师还可以通过参加培训、交流研讨等方式,不断更新自己的教学理念和方法,提高教学效果和质量。

高中数学教学具有以下几个鲜明的特点:贴合新课程标准,注重知识与能力的融合;灵活多样的教学方法,激发学生的学习兴趣和主动性;关注学生的个体差异,提供个性化学习支持;充分利用新技术手段提升教学效果;关注学生的学习过程和综合素养发展。

当前高中数学的教学方法与手段呈现出多样化、创新化的特点。教师需要根据实际情况选择合适的教学方法和手段,注重培养学生的数学核心素养和综合能力。通过有效的教学,帮助学生系统掌握数学知识和技能,培养创新思维和问题解决能力,为学生的升学和未来发展奠定坚实基础。

三、高中数学教学中存在的问题与挑战

随着新课程改革的持续深入,数学文化在数学教育中的地位日益凸显,受到了我国教育界的广泛重视。无论是新课程标准还是新教材,都积极融入了数学文化的元素,旨在让学生在掌握数学知识的同时,更深入地理解和感受数学文化的魅力。

然而,尽管有这样的趋势,数学文化在高中数学课堂教学中的融入现状却并不尽如人意。高中数学知识本身就具有一定的抽象性和难度,不易被学生理解。同时,高中生需要学习的科目众多,学业压力大,这也在一定程度上影响了数学文化在高中数学课堂教学中的融入。尽管存在这些客观困难,但数学文化融入的意义仍然不容忽视。

数学文化的融入不仅有助于培养学生的数学科学精神,还能够陶冶他们的数学人文情怀,构建数学思想方法。这种融入不仅有助于提高学生的数学素养,更能够促进他们的全面发展,提升综合素质。

因此,为了深入了解当前数学文化在高中课堂教学中的融入情况和存在的问题,对数学文化融入高中课堂教学的现状进行调查显得尤为必要。通过调查,我们可以更加清晰地了解数学文化在高中数学教学中的实际应用情况,发现存在的问题和不足,从而为改进教学方法、提高教学效果提供有力的依据。

综上所述,数学文化在高中数学教学中的融入是一项重要而紧迫的任务。只有通过深入的调查和研究,我们才能找到更好地融入方法,让数学文化真正发挥其应有的作用,为学生的全面发展提供有力的支持。

1.学生问卷一:

笔者通过调查问卷,对淄博市实验学校三个年级教学的数学文化融入现状进行调研。我们对我校三个年级随机抽样的 200 名学生进行了问卷:学生对平时在数学课堂教学中数学老师在教学中融入数学文化的调查数据如下：

选项	小计	比例
A.有意识融入数学文化	7	3.5%
B.无意识融入数学文化	72	36%
C.从不融入数学文化	121	60.5%
有效填写人次	200	

（表:学生问卷一数据列表）

我们看到,有60.5%的学生认为数学老师在课堂上"从不融入数学文化",只有3.5%的学生认为数学老师在课堂上"有意识融入数学文化",另外有36%的学生认为数学老师在课堂上"无意识融入数学文化",可见在高中数学课堂上融入数学文化的现状不容乐观,这样直接导致学生产生对数学学科厌学的情绪。我们也发现新高一入学的学生人群产生厌学和抵触的学科中比例最大的就是数学,在我们目前的数学教学中尚不能很好地挖掘和利用丰富的数学文化资源,以致其被白白浪费而错过了融入数学文化的大好时机;其次,数学教学虽具有数学文化功效,但没有形成全员育人,全程育人,全方位育人的数学文化工作格局;再次,数学教师水平良莠不齐,以智育代替数学文化,"重智轻文"的现象还时刻存在。这提醒我们在数学课堂上有机融入数学文化已经越来越紧迫,鉴于此,本书研究小组全体成员在校领导的大力支持下,积极地研讨应对问题的策略。

2.学生问卷二：

为了更深入研究数学课堂融入数学文化对学生的影响,我们设计了下面题目,从学生层面去调查学生对于数学文化的要求,引导学生更有效地学习。

问卷题目内容	融入数学文化对培养核心素养的影响		
你觉得数学课堂中融入数学文化对你培养数学核心素养帮助大吗？	A.很大	B.一般	C.没有影响
统计数据	80.37％	13.92％	5.71％

（表：学生问卷二数据列表 1）

问卷题目内容	数学文化融入方式			
你喜欢老师从以下哪几个方面融入数学文化教育？（可多选）	A. 借助生活实例创设情境	B. 讲解数学家的故事	C. 利用数学名题揭示数学规律	D. 进行数学审美文化
统计数据	80.92％	61.18％	70.72％	38.82％

（表：学生问卷二数据列表 2）

由上表数据可知,学生们对于数学文化在促进核心素养培养中的关键作用有着清晰而深刻的认识。有 80.37％的学生觉得数学融入数学文化对培养数学核心素养帮助很大,80.92％的学生认为可以通过"借助生活实例创设情境"融入数学文化;61.18％的学生认为可以通过"讲解数学家的故事"融入数学文化;70.72％的学生认为可以通过"利用数学名题揭示数学规律"融入数学文化;38.82％的学生认为可以通过"进行数学审美文化"融入数学文化。调查问卷说明学生心中非常清楚需要数学文化促进核心素养的培养。另外,学生在学习压力之下,更是将数学核心素养的重要性与数学文化的需求相互融合,以现实的需求为动力,推动自身在数学文化学习上的不断探求。这种互补共赢的局面,不仅彰显了学生们的智慧与毅力,更为他们在数学学习的道路上铺设了坚实的基石。

3.教师访谈：

笔者采取分层抽样对本校教师进行了"面对面"访谈,由于访谈人数较多,且出现不少重复内容,所以将访谈内容进行整合,用"教师

A"表示新教师,"教师 B"表示经验型教师,"教师 C"表示专家型教师,分三个类别呈现出对各个问题的回答,以下为访谈内容。

问题 1:您了解数学文化吗? 主要获取途径是什么?

教师 A:大致了解,注意到课程标准上多次提到过,各版本教材也都有所涉及,平时主要参考各版本教材和教学参考资料,有时候也会看一点相关论文,或者参考一些网络上的资源。

教师 B:比较了解,最基本的就是从教材中潜移默化地渗透,教材中有很多地方都融入了数学文化,可作为参考,然后以此为基点查阅相关文献,或者和老教师探讨交流,此外,也参与过一些相关的培训,这对于我们获取数学文化素材很有帮助。

教师 C:了解,我深入研究了课程标准,新版课标着重强调:数学文化贯穿课程始终,所以对数学文化还是比较了解的。我觉得数学文化资源,教材上就有很多。课外的素材,则重在积累,平时就要多读专业书籍,有时间的话还要读其他领域的书,看得多了,懂得就多了,需要用的时候自然就能够提取出来。

问题 2:您在实际教学中是如何融入数学文化的?

教师 A:我们在讲新授课时用得比较多,会引入数学史来吸引学生的兴趣,或者用生活中的实际问题来引入,引发学生的认知冲突。另外,在习题课和复习课中有的例子也能够方方面面地渗透数学文化。

教师 B:对于一些数学史、趣味故事、数学家的介绍,我常常会播放小视频,让学生观看,感觉学生还是挺喜欢这种方式的。有涉及建筑、艺术作品中的数学时,我通常会呈现相关的图片,也让学生提前搜集资料、讲明其中的原理,然后我再补充。有一些数学文化,我会稍微说几句做个引子,让学生课下研究,毕竟课堂时间是有限的。

教师 C:我常常会让学生来参与,比如数列部分有一个阅读与思考"古代数学家关于数列求和的方法",我会布置给同学们,课下研究整理,课堂上再跟大家分享,我觉得有些东西老师讲得多,进不到学生脑子里,还是得给学生布置任务,让他们真正参与其中,也就是以学生为主体。另外,我经常告诉我的学生们,要常反思,比如,看了这段阅读材料、听了某数学家的故事、做了几道题之后,有什么感悟?能否引申到其他问题或者生活之中?"学之道在于悟"这句话说得很好,我觉得让学生悟之后,数学文化的育人价值能够提升不少。

问题3:您认为融入数学文化对学生有什么作用?实际教学中达到这样的效果了吗?

教师A:能够培养学生学习数学的兴趣、让学生体会到数学知识背后多方面的文化价值,有一定的效果。

教师B:能够拓展学生的视野,训练学生的理性思维,数学家们的故事还能够激发学生刻苦钻研、追求真理的科学精神,让学生体会到数学无处不在,用途很广,进而激发学生的学习动力。我认为差不多达到这样的效果了,同时也觉得这个效果不是轻易能够准确地衡量出来的。

教师C:用数学文化去感染学生,能让学生感悟到数学的真谛,找到学数学的灵感,能够培养科学思维,也能促进人文思维的提升,能够改变学生的数学观,比如有一道高考题以黄金分割比来衡量最美人体,并插入"断臂维纳斯",将数学美与人体美结合到了一起,提高了学生的审美知识,如果数学教师能经常设计这样的问题,学生学习数学的热情就会提高,对学习也会充满期待,不再将数学看作是冷冰冰的数字,而是鲜活的故事和人。再比如,融入中国古代数学史,能够增强学生的民族自豪感,同时也会激发起学生弘扬中华民族优秀文化的责任与意识。实际教学中,一次两次的融入肯定是达不到这样的效果的,长期进行才能够达到更好的效果。

问题4:您觉得阻碍数学文化融入的因素有哪些?

教师A:首先我觉得教师了解的数学文化具体内容有限且不系

统,搜集资料又会耗费很多时间,会让备课很有负担,另外,课堂上融入太多数学文化会占据大量时间,课时确实有限。

教师 B:时间紧、任务重,融入一些难度适中、内容含量少的数学文化还可以,难度大的、内容丰富的数学文化真的抽不出时间。再有,融入数学文化对学生产生的积极影响不是很明显,还会加重备课量,有时候就会选择省去这部分内容。

教师 C:我觉得对于新教师而言,文化储备量可能比较少,融入数学文化的难度就会比较大,还容易把控不好课堂时间;有时候获取某一主题下充足的文化素材也需要很多时间、很多精力,课堂时间也不是很充裕,所以不会经常设置数学文化专题课。

问题 5:为了有效融入数学文化,您有什么建议?

教师 A:学校多开展一些这方面的培训应该会有很大帮助;教材上的数学文化更加丰富一些的话,能够为课外搜集资料提供更多方向;其实,多听一听老教师在课堂上如何融入数学文化,也许对自己的教学实践会大有裨益。

教师 B:我觉得同事之间定期交流、共享资源应该是比较有效的方式,每个人负责一部分,这样也能减轻备课的负担。另外,网络上也有不少数学文化的课程,也许可以给教师们以启迪。

教师 C:高考是指挥棒,高考题目中有不少数学文化的影子,但比重可以适当加大,并将文化与数学深度融合,这样就能引起教师们的广泛关注,在教学中有更多的体现。学校可以经常对青年教师开展相关的培训,也可以由老教师或者邀请一些专家来讲。校内有经验的教师也可以合作,出一套课程,供新教师系统学习。

根据以上访谈内容,可以得到如下结论:

三类教师都了解数学文化的基本内容;获取数学文化的途径、融入数学文化的方式都很多样化;都非常认可数学文化的育人价值,但强调实际教学中可能无法在短期内达到理想的效果;阻碍数学文融入的因素有很多,但三类教师均提到了受课时的限制,这确实是一大难题。最后各位老师也提出了一些可行的建议,可供学校和广大教师参考,不过虽然建议很多,但还是需要各位老师多实践,找到适合自己的方式。

鉴于上述种种弊端,本书的研究显得尤为关键。我们在对教育本质深入洞察的基础上,明确知识与品德、教学与教育、教书与育人的内在统一关系,从而在观念层面树立正确的课程价值取向。我们致力于将数学文化的意义内化于心,提升对数学文化融入的自觉意识,以期在教育中实现更全面的发展。

可以说,高中数学教学在当前社会中面临着许多挑战和问题。传统的教学方法往往过于注重知识的灌输,缺乏对学生数学思维和创新能力的培养。这种教学模式使得学生对数学的兴趣逐渐降低,无法全面理解和应用数学知识。高中数学教学中存在很大的内容压缩和课业负担问题,学生需要在有限的时间内掌握大量的知识,导致学习效果不佳。此外,高中数学教学与实际生活联系较少,学生难以将所学知识与实际问题相结合,缺乏切身感受和应用的机会。

从教师的视角来看,数学文化在高中数学教学中的融入受到多种因素的影响,其中最为关键的是教师对数学文化相关知识的重视程度。教师作为课堂教学的主导者,其态度直接决定了数学文化能否顺利融入课堂。因此,提升教师对数学文化的重视程度显得尤为关键。

在高中阶段,学生面临着高考的压力,这使得教师更加关注高考试题中涉及的知识点和分布情况。近年来,高考试题中涉及数学文化的试题数量呈上升趋势,这进一步凸显了数学文化在数学教学中的重要性。通过深入分析,我们发现,当学生在解答涉及数学文化的试题时,如果他们对相关的数学文化背景有所了解,往往能够更容易找到解题思路,从而顺利解题。因此,在日常教学中融入数学文化相关知识,对于提高学生的解题能力和数学素养具有积极作用。

然而,要实现数学文化的有效融入,教师首先需要具备丰富的数学文化知识储备。只有教师自身具备了足够的数学文化素养,才能够更好地向学生传授相关知识。因此,教师应不断提升自己的数学文化知识水平,充实自己的素养。

在实际教学中,教师通常依据教材来授课,而教材中数学文化相关知识的呈现方式和内容直接影响着教师的教学选择。因此,建议在教材中增加数学文化的相关内容,以便为教师提供更多的教学素材和参考。

尽管 2020 年修订的《普通高中数学课程标准(2017 年版)》对数学文化在教学中的融入提出了要求,但在具体的教学实践中如何实施并未给出明确的指导。这使得数学文化的融入仍处于摸索和研讨阶段,面临着诸多挑战和困难。

在深入调查的过程中,我们发现教师在尝试将数学文化融入高中数学教学中时,普遍遭遇了一些难题。

首先,教师在备课阶段普遍感到困扰的是缺乏系统、完整的数学文化资料。这些资料不仅应该涵盖数学的历史发展脉络,还应包含数学在各个领域的应用实例,以及数学家的故事和他们的思考方式。然而,当前市场上的教学资源大多偏重于数学知识点和解题技巧,对于数学文化的介绍则显得零散且不够深入。这导致教师在寻找合适的教学素材时,常常感到力不从心,难以将数学文化的精髓有效地传递给学生。

其次,缺乏与数学文化相关的教学案例也是教师面临的一大挑战。尽管有些教师意识到数学文化的重要性,并尝试将其融入教学中,但由于缺乏具体的实践经验和可借鉴的案例,他们往往感到无从下手。这使得教师在教学实践中难以将数学文化与数学知识有机结合起来,难以达到理想的教学效果。

最后,缺乏数学文化方面的专门理论实践指导也是制约教师融入数学文化的一个重要因素。尽管近年来关于数学文化的研究逐渐增多,但针对高中数学教学的专门理论实践指导仍然相对匮乏。这使得教师在尝试融入数学文化时,缺乏明确的方向和策略,容易感到迷茫和无助。

综上所述,将数学文化融入高中数学教学是一项复杂而艰巨的任务。为了克服这些难题,我们需要从多个方面入手。首先,提升教师对数学文化的重视程度,让他们意识到数学文化在培养学生数学素养和思维能力方面的重要作用。其次,增加教材中的数学文化内容,使教材更加生动有趣,激发学生的学习兴趣。同时,我们还需要为教师提供系统的数学文化资料和丰富的教学案例支持,帮助他们更好地理解和应用数学文化。最后,加强数学文化方面的理论实践指导,为教师提供具体的策略和方法,使他们在融入数学文化的过程中更加得心应手。

通过这些努力,我们相信可以逐步克服教师在融入数学文化过程中遇到的难题,使数学文化在高中数学教学中发挥更大的作用。这不仅能够提升学生的数学素养和思维能力,还能够培养他们的创新精神和实践能力,为他们的全面发展提供有力支持。

一、数学文化在数学教学中的分类

结合对高中数学教材、高中数学教学参考、新课程标准以及近年来高考数学试题等的分析和整理,我们梳理了数学教学中的数学文化元素呈现的类别,主要为以下几个方面:

1. 数学史与数学家文化

数学史与数学家文化作为数学文化的重要组成部分,对学生数学文化素养的培养具有重要作用。通过学习数学史与数学家文化,学生可以深入了解数学在人类文明史上的地位和作用,增强对数学文化的认同感和自豪感。同时,数学史与数学家文化可以帮助学生了解各个历史时期数学家们的探索成果,激发学生对数学的敬畏之情和求知欲望,提高数学修养和文化素养。此外,对数学史与数学家文化的学习可以帮助学生了解数学思想的渊源,促使学生形成正确的学术观念和历史观念,培养学生的批判性思维和创新能力。

在高中数学课程中,数学史与数学家文化可以通过多种方式进行融入。

首先,可以在数学课堂上通过讲解数学史的故事和历史事件,引导学生了解数学思想的发展历程,从而使抽象的数学理论变得具体生动。其次,可以采用数学史中的经典问题或定理作为案例,在教学中引入数学史的案例实例,有助于激发学生的学习兴趣和探究欲望,使学生更好地理解数学知识的内涵和应用。此外,可以邀请专业学者或爱好者进行数学史讲座,开展数学史主题的研讨活动,为学生提供更加广阔的认知视野和学术交流平台。

为了有效展示数学史与数学家文化的魅力,教师可以采用多种教学方法与手段。首先,可以通过图表、图片、影像资料等多媒体手段展示数学史中的经典问题、数学家的生平事迹和历史背景,引导学生深入了解数学的起源和发展。其次,可以组织学生参观数学史与数学家文化展览馆或博物馆,开拓学生的视野,使他们在沉浸式的环境中感受数学史所蕴含的文化魅力。此外,可以结合PPT、小组讨论、实验演示等形式,引导学生主动参与,培养学生的合作意识和实践能力,增强数学史与数学家文化展陈的教学效果。

数学史与数学家文化展陈对学生数学学习具有显著的促进作用。首先,通过数学史与数学家文化展陈,学生可以更直观地感受到数学知识的生动性和实用性,激发对数学学习的兴趣。例如,通过展示数学家的重要发现和应用,在学生眼中,抽象的数学理论可以转化为具体的实践案例,从而增强了学习的吸引力。其次,数学史与数学家文化展陈可以帮助学生理解数学知识的脉络和逻辑,使其更好地把握数学知识的内在联系和发展演变规律。通过了解数学史上著名问题的探讨历程和数学思想的传承发展,学生能够更深刻地体会到数学知识的继承与创新,避免了对数学知识的机械死记硬背,提高了数学学习的深度和广度。

数学史与数学家文化展陈为高中数学教学提供了有益的启示。首先,数学史与数学家文化的丰富内涵和璀璨历程为教师提供了更广阔的教学资源和案例,可以为教师们在课堂上讲述生动的数学故事和历史背景提供更多素材和支持。其次,数学史与数学家文化的融入可以丰富高中数学教学的形式和内容,打破传统的教学模式,提升教学的趣味性和多样性。引入数学史与数学家文化的元素,可以拓展学生的思维层面,激发他们的求知欲和创新潜能,培养学生独立思考和解决问题的能力。

此外,数学史与数学家文化也能增进学生对数学学科的理解和认同,加强学生对数学文化的情感投入和精神认同,为高中数学教学注入更多的人文关怀和历史厚度。

数学史与数学家文化不仅仅包含数学家的故事、数学历史的发展故事，还包括知识讨论，经典问题的研究历程，概念的修改完善过程，知识发现或发明的过程，从数学家探索的痕迹中生成知识，还有数学史中的数学名题，由于沉淀了历史背景，蕴含了丰富的数学思想方法，这些内容都构成了数学史的部分。

庞加莱的见解深刻而独到，他主张："若我们渴望洞察数学的未来走向，深入钻研各个专门学科的历史脉络与当前状态，无疑是一条行之有效的路径。"这句话实则传达了一个重要的理念：对数学史的无知，将阻碍我们全面而深刻地理解数学科学。数学，作为一门博大精深的学科，其发展历程和现状不仅反映了人类智慧的结晶，也为我们揭示了数学内在的逻辑和规律。只有深入了解数学史，我们才能更好地把握数学的本质，预见其未来的发展趋势。

现代数学常被形象地比喻为一棵生机勃勃的大树，它的根系深植于过去，枝叶则不断向未来延伸。这棵大树上生长着无数分支，每一个分支都代表着数学的一个子领域，它们相互交织、相互影响，共同构成了数学这个不可分割的整体。希尔伯特曾言："数学是一个有机的整体，它的生命力源于各部分之间的紧密联系，而非孤立存在的分支。"这句话强调了数学各分支之间的相互依存性，也揭示了数学作为一个整体的内在逻辑和和谐性。

我们不能仅仅关注数学的某一个或某几个分支，而应当将其视为一个整体来理解和研究。只有这样，我们才能更好地把握数学的精髓，发现其中的奥秘，为数学的发展贡献自己的力量。同时，我们也需要不断回顾数学的历史，从中汲取智慧和启示，为数学的未来指明方向。

历史是文化的一种重要体现形式。在数学的整个发展历史中，有无数数学家为了完成数学研究鞠躬尽瘁，没有他们的付出，便没有现在这样丰富的数学知识体系。数学家和数学史是数学文化的重要组成部分,它记录了数学的发展历程,包括了各种数学理论的起源、数学家的生平和贡献等。在数学教学中,教师可以通过引入数学家与数学史的相关知识,帮助学生更好地理解数学的本质和发展脉络,同时也可以激发他们的学习兴趣和探索精神。

在具体的教学实践中,教师可以根据教学内容和学生的实际情况,适当地引入相关的数学家与数学史知识。例如:在讲解三角函数时,可以引入三角函数的发展历程,包括古希腊的托勒密、阿拉伯的哈桑等数学家对三角函数的贡献,以及三角函数在现代物理、工程等领域的应用。在讲解数论时,可以介绍费马、欧拉等数学家在数论方面的贡献和成就。引入这些数学史知识,可以让学生更好地理解数学的本质和发展脉络,同时也可以激发他们的学习兴趣和探索精神。

著名数学家吴文俊通过反复钻研中国古代数学,创立了数学机械化方法,获得了"邵逸夫数学科学奖",为中国数学史研究的理论和方法开创了新局面。在访谈吴文俊院士时,他提到中国传统数学的核心很注重解方程。中国古代的《九章算术》中就已有了类似"高斯消去法"的解线性方程组的算法,传统数学从问题出发,在解决问题为主旨的发展过程中建立了以构造性与机械化为其特色的算法体系。传统数学的思想为近代数学的建立和发展做出了卓越的贡献。这份"瑰宝"的发现需要后人挖掘核心思想,研读数学史体系,找到数学史精髓。

因此,数学教师可以选择在概念、定理、公式或思想方法等的教学过程中,视情况提供数学家的趣闻轶事、知识的发生发展过程、历史上的名题等历史信息,但无论如何,在呈现时一定要遵循必要的策略。

(1)呈现给学生的数学史与数学家文化应符合学生的认知基础,便于学生理解

这首先要求教师检查呈现给学生的史料是否包含学生没有接触

过的符号、理论和概念等。在有保留必要的情况下，应判断是否会引发学生的认知障碍，并根据实际情况用通俗易懂的语言加以解释，消除障碍，否则会让学生感到晦涩难懂，产生畏难心理。其次，呈现的数学史料应有一定的逻辑性，例如在进行复数的教学时，教师往往会介绍数系在历史上的扩充过程，教师应该理顺这一发展过程，明确告诉学生数系扩充的顺序以及动机，逻辑混乱必然会降低学生的学习兴趣。因此在选定数学史料之前，应该依据学情或相关研究对学生的反应进行预测，并反复思考它对学生是否有教育价值。

（2）通过恰当的方式呈现数学史与数学家文化，让其对数学教学真正有效

在讲述数系扩充的过程中，如果教师直接将数学史料以文字的形式呈现给学生，学生可能会觉得厌烦，教师如果只是用生硬的语言快速地描述这一过程，学生也不会对此产生深刻印象，因此必须要选择合适的方式呈现数学史料。如果是用口述的方法，则应该充分发挥语言的作用，将数学故事娓娓道来，或用轻快的语气讲述数学家的趣闻轶事，或用疑惑的语气引发学生思考。除此之外，可以结合现代信息技术手段演示数学史，如视频、图片等多媒体，数学实物模型，GeoGebra、几何画板等数学软件，这些都可以使学生更直观地感受数学史，产生对数学的学习兴趣。

（3）把握在教学过程中融入数学史与数学家文化的时机

关于是否要融入数学史与数学家文化，要考虑数学史料在此处的融入是否有教育价值，如果学生在学习此知识时存在困难和障碍，则可通过展现知识在历史上的曲折发展，消除学生的畏难情绪，激发学生学习动机，或者此知识的历史背景具有浓厚的文化价值，也可以考虑融入。关于融入的时机，要考虑在此处融入数学史是否能有效衔接前后知识，推动教学的进行，基于不同的目的，选择在这个知识点之前融入还是之后融入，如果是在之前融入，可以吸引学生兴趣，

如果是在之后融入,则可以促进学生反思古今方法的不同。

(4)明确数学史与数学家文化在课堂教学中的定位

在进行设计时,要注意数学史与数学家文化是吸引学生兴趣,促进学生理解的教学工具,在教学过程中不要本末倒置,使正常的数学学科教学陡然变成数学史与数学家文化的教学,让数学史料混乱地充斥学生的头脑,这是大错特错的做法。

2.数学的美学文化

数学的美学文化是数学文化中的重要元素之一,它关注的是数学中的美妙和优雅。数学中的美主要体现在以下几个方面:对称美、简洁美、统一美等。例如,黄金分割比例(1∶1.618)被广泛运用于建筑设计、艺术创作等领域;圆的定义(到定点距离等于定长的点的集合)则体现了数学的简洁美;平面几何中的勾股定理、三角形的内角和定理等则体现了数学的统一美。通过引导学生欣赏这些数学美,可以培养他们的审美能力和创造性思维,同时也可以激发他们的学习兴趣和探索精神。

高中数学因其高度的抽象性,往往让学生觉得枯燥难懂。这背后的原因多种多样,从教师教学方法的单调到学生学习方法的不足,都可能是导致这种现象的因素。然而,更为核心的问题在于,受到盲目追求升学率的强烈影响,数学教学常常过于侧重于基础知识和技能的传授与训练,却忽视了数学在实际生活中的应用价值,也未能充分融入数学美育的元素。

在数学教学实践中,一些教师往往未能充分发掘数学本身所蕴含的独特美感,也没有善于利用这种美感来激发学生的求知欲望和学习兴趣。这就导致学生难以感受到数学的魅力,觉得它抽象且乏味,进而失去学习的信心。因此,为了改善这一状况,我们需要重新审视数学教学的理念和方法,注重数学与生活的联系,融入数学美育的元素,让学生在欣赏数学之美的同时,也能更好地理解和掌握数学知识。

那么,数学课堂上,教师如何融入美育教育,展示数学美呢?

(1)领略数学的"简洁美",让学生感受数学美的魅力

数学的简洁美体现在其形式的精练、秩序的井然以及高度的统一。这种美不仅凸显了数学规律的普遍性及其应用的广泛性,更使得数学成为一种特殊的交流方式,有效弥补了自然语言的局限。在数学教学过程中,我们可以引导学生去领略数学符号、公式、法则以及定理的简洁之美,感受其独特的魅力。

例如:$+$、$-$、$\times$、$\div$、a^n、$\sqrt{a}$、$=$、$\sin$、$\cos$、$\tan$、$\log_a N$、$\cong$、$\backsim$ 等数学符号都很简单,但其含义深远、作用广大。另外像许多数学公式:$S_\triangle = \frac{1}{2}ah$、$S_{梯形} = \frac{1}{2}(a+b)h$、$S_圆 = \pi r^2$。一元二次方程 $ax^2 + bx + c = 0(a \neq 0)$ 的求根公式:$x = \frac{-b \pm \sqrt{b^2 - 4ac}}{2a}$,根与系数的关系:$x_1 + x_2 = -\frac{b}{a}$,$x_1 x_2 = \frac{c}{a}$。三角函数表达式:$\sin A = \frac{a}{c}$、$\cos A = \frac{b}{c}$ 等公式,其表达形式极为简明、直接且普遍适用。

在课堂上,教师可以详尽阐述这些数学符号、法则、定律、公式、定理的深层含义及其历史渊源。虽然这些表达看似简洁,实则蕴含着深厚的数学逻辑与解决问题的智慧。通过向学生揭示这些数学元素的内涵和背后的故事,可以有效激发学生的求知欲望,培养他们的探索精神与创新能力,进而将数学文化教育融入教学的每一个环节。

(2)深入探索数学的"严谨美",感悟其深层真谛

数学的"严谨美"是一种深邃而独特的魅力,它体现在数学定义的精确无误、推理过程的严密无隙以及图形、语言描述的准确无误上。这种美,如同精密的钟表,每一个部件都恰到好处,每一个步骤都丝丝入扣。以"切线的判定定理"为例,这个定理的推导过程就是一个完美的逻辑演绎。我们可以引导学生逐步探索定理的已知条

件,理解这些条件是如何构成定理的基石,以及当这些条件不满足时,定理将如何失效。这样的探索过程,不仅能够提高学生的逻辑推理能力,更能够让他们深刻感受到数学推理的严密性和完美性。

数学的严谨美,不仅仅是一种美的表现形式,更是一种科学的态度和精神。它告诉我们,无论是数学定理的推导,还是实际问题的解决,都需要我们保持严谨的态度,追求精确和完美。这种精神,对于培养学生的逻辑思维、严谨态度和科学精神都具有重要的意义。

(3)品味数学图形的"和谐美",创造属于自己的数学美

数学图形的"和谐美"是一种独特的艺术魅力,它体现在数学图形的结构协调、均衡对称以及美感的流露。这种美,如同大自然的景色,既有规律的秩序,又有千变万化的美丽。在教学中,我们可以充分利用数学图形的这种和谐美,引导学生去欣赏、去感受。例如,通过讲解"平移、轴对称、旋转、相似"等变换,我们可以让学生欣赏到这些变换所创造出的美丽图案。同时,我们还可以鼓励学生自己动手,利用这些变换创作出属于自己的图案,让他们在创作的过程中体验到数学的乐趣和美感。

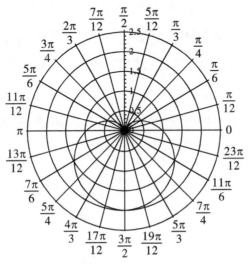

(图:笛卡尔的"心形线"$r = a(1 - \sin\theta)$)

如赏析笛卡尔的"心形线",我们才真正理解他说过的一句话:数学是最浪漫的,它比世上任何东西都要完美,它从不说谎,也从不背叛。

此外,我们还可以利用现代科技手段,如电脑平台等,来制作动画图片或引导学生制作剪纸图案等,让他们更加直观地感受到数学图形的和谐美。这些活动不仅能够提高学生的想象力和动手能力,更能够增强他们的审美意识,培养他们的数学美的创造力和欣赏力。

在教学过程中,教师可以展示一些具有数学美的图形、公式或数学模型,如黄金分割比例、斐波那契数列、欧拉公式等。这些例子可以让学生感受到数学的和谐与美丽。教师可以鼓励学生探索数学中的美,例如在解题过程中寻找简洁、优雅的解法,或者在图形中发现隐藏的对称性。这种探索过程可以让学生更加深入地理解数学的本质。学校可以组织数学美展活动,展出一些具有数学美的艺术作品,如数学图形设计、数学雕塑等。这样的活动可以让学生感受到数学与艺术的结合,增强他们对数学美的欣赏能力。教师可以利用数字工具和软件,如几何画板、动态图形软件等,来展示数学的美。这些工具可以帮助学生动态地观察数学对象的变化和性质,从而更加深入地理解数学的美。教师可以鼓励学生尝试用数学的方式创造美,例如设计具有数学美的图案、编写具有数学美的诗歌或故事等。这种创造过程不仅可以让学生体验到数学的乐趣,还能培养他们的创新能力和审美能力。

（图：蒙娜丽莎与黄金螺旋线）

达·芬奇在《蒙娜丽莎》这幅名画中巧妙地以蒙娜丽莎的鼻子为起点，构建了一条黄金螺线（亦称斐波那契螺线）。这条螺线的轨迹流畅地穿越了她的下颌、头顶、肩膀和右手，使得整幅画作呈现出一种难以言喻的和谐之美。

在 2015 年上海 IT 论坛上，著名数学家、中国台湾清华大学原校长刘炯朗教授发表了一场题为"数里有诗？诗里有数！"的演讲。他深入探讨了文学与科学之间的共通之处，并指出诸如"上海自来水来自海上"这样的回文诗句，以及"后宫佳丽三千人，三千宠爱在一身"这样的顶真格诗句，与数学中的"归纳""列举"和"递归关系"等原理有着异曲同工之妙。这些例子都展示了文学与数学之间的紧密联系和相互启发。

综上，数学的美学教育，与文学艺术一样，具备着潜在的思想教育功能。将数学美的欣赏融入高中数学教学是一种非常有益的做法。它不仅可以提高学生的学习兴趣和审美能力，还能帮助他们更深入地理解数学的本质和魅力。然而，学生们并不容易像感受文学艺术那样轻易地领略到数学的美。这就要求我们作为教师，必须持续提高自身的专业知识与美学素养，深入钻研教材，细致发掘并提炼其中所蕴含的美学要素。在数学课堂上，我们要勇于创新，巧妙地将美育教育融入教学中，为学生打造一个和谐、优美、愉悦的学习氛围。

引导学生依照美的规律,去感知、发现、鉴赏甚至创造美,从而进行审美教育,提升他们的审美能力,培养他们的审美意识。通过这样的方式,我们不仅能够深化学生对数学的理解,更能激发他们的学习兴趣,使他们在享受美的同时,更好地掌握数学知识。

3. 数学的应用文化

从数学文化的视角出发,我们不难发现数学的应用文化作为数学文化的重要组成部分,其深远影响与广泛价值无法忽视。数学的应用文化不仅体现在数学理论对实际问题的有效解决上,更在于它如何推动科技进步、促进社会发展和提升人类生活质量。接下来,我们将通过几个典型案例,来详细论述数学的应用文化在数学文化中的重要地位。

首先,数学的应用文化在科技领域中的表现尤为突出。以计算机科学为例,无论是大数据处理、人工智能还是云计算,数学都发挥着至关重要的作用。例如,机器学习算法的核心是数学模型的构建与优化,通过不断迭代和调整参数,使得模型能够更准确地预测和分类数据。这些算法的应用不仅提升了计算机处理信息的效率,还使得人类在面对海量数据时能够做出更明智的决策。

其次,数学的应用文化也在经济领域展现出巨大的价值。金融数学、计量经济学等学科的兴起,使得数学成为经济活动中的重要工具。通过数学建模和数据分析,我们能够更准确地预测市场趋势、评估投资风险,为经济决策提供科学依据。此外,数学优化理论也被广泛应用于资源分配、生产调度等领域,实现了经济效益和社会效益的最大化。

此外,数学的应用文化还在社会生活的各个方面发挥着作用。例如,在交通规划中,数学模型被用于优化交通网络、减少拥堵和提高运输效率;在医学研究中,数学统计方法被用于分析临床试验数据、评估药物疗效和预测疾病发展;在环境保护中,数学模型被用于监测污染物排放、评估环境影响和制定治理措施。这些应用不仅提升了社会管理的科学性和精细化程度,也促进了人类生活质量的提升。

数学思想是数学文化的核心,它体现了数学的逻辑思维、抽象思维和问题解决能力。将数学思想的应用融入高中数学教学,不仅可以帮助学生更好地理解和掌握数学知识,还能培养他们的数学思维和解决问题的能力。

在教学过程中,教师应明确强调数学思想的重要性,让学生明白数学不仅仅是公式和计算,更是一种逻辑和思维方式。在讲解数学知识时,教师应有意识地融入数学思想,例如在讲解函数时强调函数的映射思想,在讲解几何时强调空间观念和几何直观等。教师可以设计一些具有挑战性的问题,让学生在解决问题的过程中体验和运用数学思想。这些问题可以是实际应用问题,也可以是数学内部的问题,关键是要能够引导学生运用数学思想进行分析和解决。数学建模是将实际问题转化为数学问题并求解的过程,它体现了数学的应用性和实践性。教师可以组织学生开展数学建模活动,让他们在实践中体验和应用数学思想。教师可以鼓励学生进行数学探究,让他们自己发现问题、提出问题并尝试用数学思想进行解决。这种探究过程不仅可以培养学生的数学思维能力,还能增强他们的创新意识和实践能力。

马克思指出"世界上任何一门学科若没有发展到能与数学紧密联系在一起的程度,说明该学科还未发展成熟"。除了理工学科,数学还在史学、文学、社会学、哲学、经济学、语言学等方面广泛应用。数学在现实生活中有着广泛的应用,包括物理、工程、经济等领域。在数学教学中,教师可以引入各种实际应用的例子,让学生看到数学的实用性,理解数学在解决实际问题中的作用。例如,在讲解概率论时,可以引入天气预报等实际应用的例子;在讲解统计学时,可以引入市场调查、医学诊断等实际应用的例子；在讲解微积分时，可以引入物理学中的速度、加速度等概念，让学生更好地理解微积分的实际应用。通过引入这些实际应用的例子，可以让学生更好地理解数学的实用性和应用价值，同时也可以激发他们的学习兴趣和探索精神。

下面举出几个具体案例，来进一步说明数学的应用文化在数学文化中的重要地位。

案例一：密码学的应用

密码学是数学应用文化中的一个重要领域。它利用数学原理和方法来保护信息的安全和隐私。在现代社会中，无论是个人信息的保护还是国家安全的维护，都离不开密码学的支持。例如，在网络安全领域，密码学被用于加密通信数据、防止信息泄露和抵御黑客攻击；在电子商务中，密码学则保障了交易的安全性和可靠性。这些应用不仅展示了数学应用文化的实用性和重要性，也体现了数学在保护人类信息安全方面的独特作用。

案例二：天气预报的精准化

天气预报是数学应用文化的又一典型体现。通过收集气象数据、建立数学模型并进行分析预测，我们能够提前了解未来的天气情况，从而做出相应的安排和准备。这种精准化的天气预报不仅有助于农业生产、交通运输等领域的决策制定，也提高了人们日常生活的便利性。在这个过程中，数学的应用文化发挥了关键作用，它使得天气预报更加科学、准确和可靠。

案例三：城市规划的合理化

城市规划是数学应用文化的又一重要领域。通过数学建模和数据分析，我们能够合理规划城市的空间布局、交通网络和公共设施，从而优化城市的功能和效率。这种合理化的城市规划不仅提升了城市的整体形象和生活品质，也促进了城市的可持续发展。在这个过程中，数学的应用文化发挥了不可或缺的作用，它使得城市规划更加科学、合理和高效。

甚至在文学研究上数学的应用文化也有用武之地，如陈炳藻先生一篇《从词汇上的统计论〈红楼梦〉作者的问题》的论文在"红学界"引起轰动，他通过对词汇文字使用的数目进行编排统计、分析，得出前八十回与后四十回作者为同一人的结果，无论结果是否为"红学界"所接受，但文字数量的量化分析法给我们留下了深刻印象。

综上所述，数学的应用文化是数学文化的重要组成部分。它通过科技、经济和社会生活等各个领域的应用实践，展示了数学在解决实际问题中的巨大价值和深远影响。这些典型案例不仅丰富了我们对数学应用文化的认识和理解，也激发了我们在更多领域探索和应用数学的热情和信心。在未来的发展中，我们应该继续深入挖掘和拓展数学的应用文化，将数学思想的应用文化融入高中数学教学中，不仅可以帮助学生更好地理解和掌握数学知识，还能培养他们的数学思维和解决问题的能力，为他们的未来发展打下坚实的基础。

4. 数学的思维文化

数学思维是一种抽象思维，它也是一种数学文化，它强调逻辑推理和问题解决能力。在数学教学中，教师可以通过引导学生运用数学思维来解决问题，培养学生的逻辑思维和创造性思维。

从数学文化的视角来看，数学的思维文化无疑是其重要组成部分。它深刻反映了人类在数学探索过程中的智慧结晶，体现了数学思维的独特魅力和深远影响。下面通过几个典型案例，谈谈数学的思维文化在数学文化中的重要地位。

首先，数学的思维文化体现在其严密的逻辑推理上。数学作为一门严谨的学科，其思维方式具有高度的逻辑性和精确性。这种思维方式不仅在数学内部发挥着重要作用，也对其他学科产生了深远影响。例如，在物理学中，许多重要的理论和定律都是通过数学推导得出的，如牛顿的运动定律、爱因斯坦的相对论等。这些理论和定律的建立,都离不开数学严密的逻辑推理和精确计算。

其次,数学的思维文化还体现在其创新和突破上。数学史上,许多伟大的数学家都通过独特的思维方式,突破了传统的束缚,开创了新的数学领域。比如,欧拉通过引入复数概念,解决了长期困扰数学界的某些问题;高斯则通过创立非欧几里得几何,颠覆了人们对空间结构的传统认识。这些创新和突破不仅推动了数学的发展,也丰富了人类的思维宝库。

再次,数学的思维文化还表现在其广泛的应用性上。数学不仅是一门基础学科,更是一种普适性的思维工具。无论是自然科学、社会科学还是人文科学,都离不开数学的支撑和推动。比如,在经济学中,数学模型和统计方法被广泛应用于市场分析、风险评估等领域;在计算机科学中,算法和数据结构则是解决各种复杂问题的关键。这些应用都充分展示了数学思维文化的广泛影响力和实用价值。

数学还有着自己独特的语言,包括符号、公式、图像等。这些语言能够简洁明了地表达复杂的数学关系和规律。在数学教学中,教师需要注重引导学生理解和掌握数学语言,以培养他们的逻辑思维和抽象思维。例如,在讲解代数时,需要引导学生掌握各种运算符号的含义和用法;在讲解几何学时,需要引导学生掌握各种图形的性质和特点;在讲解统计学时,需要引导学生掌握各种统计图表和数据的解读方法。通过引导学生理解和掌握数学语言,可以培养他们的逻辑思维和抽象思维,同时也可以提高他们运用数学语言进行交流和表达的能力。

世界各地都有自己的数学传统和习俗。例如中国的算盘、西方的几何学等。通过了解这些传统和习俗,学生可以更深入地理解数学的多样性和丰富性。例如中国的算盘是一个典型的计算工具,它在中国的商业、农业等方面得到了广泛应用;而在西方国家则普遍使用计算器进行计算。这些不同的计算工具和方法体现了不同文化背景下数学的多样性和丰富性。通过了解这些传统和习俗,学生可以更好地理解数学的多样性和丰富性,同时也可以激发他们的学习兴趣和探索精神。

举几个具体案例,进一步说明数学的思维文化在数学文化中的重要地位。

案例一:费马大定理的证明

费马大定理是数学史上一个著名的难题,它困扰了数学家们长达几个世纪。这个定理的表述非常简单:一个大于 2 的整数幂不可能被分解为三个大于 1 的整数幂的和。然而,证明这个定理却异常困难。直到 1995 年,英国数学家安德鲁·怀尔斯才给出了一个完整的证明。这个证明过程充满了创新和突破,它不仅运用了现代数学中的许多先进理论和方法,还体现了数学家们坚韧不拔的探索精神和严谨求实的科学态度。费马大定理的证明不仅在数学界引起了轰动,也激发了人们对数学思维的无限敬仰和钦佩。

案例二:黄金分割比的应用

黄金分割比是一种特殊的比例关系,它在自然界和艺术领域中都有广泛的应用。在数学上,黄金分割比可以通过简单的数列推导得到;在自然界中,它出现在许多美丽的图案和结构中,如螺旋壳、花瓣排列等;在艺术领域,黄金分割比被广泛应用于绘画、雕塑和建筑等创作中,使作品呈现出一种和谐、优雅的美感。黄金分割比的应用不仅展示了数学思维文化的独特魅力,也体现了数学与其他领域的紧密联系和相互促进。

案例三:算法在计算机科学中的应用

算法是数学思维的产物之一,它在计算机科学中发挥着至关重要的作用。无论是搜索引擎的排序算法、图像处理中的滤波算法还是人工智能中的机器学习算法,都离不开数学思维的支撑。这些算法的设计和实现,不仅要求数学家们具备深厚的数学功底和创新思维,还要求他们具备跨学科的视野和解决问题的能力。算法在计算机科学中的应用不仅推动了计算机技术的飞速发展,也展示了数学思维文化的广泛应用和巨大潜力。

综上所述,数学的思维文化是数学文化的重要组成部分,通过严密的逻辑推理、创新和突破以及广泛的应用性等方面展示了其独特魅力和深远影响。这些典型案例不仅丰富了我们对数学思维文化的认识和理解,也激发了我们对数学探索和创新的热情和信心。在未来的发展中,我们应该继续深入挖掘和弘扬数学的思维文化,为人类的进步和发展做出更大的贡献。

综上所述,丰富的数学文化元素可以为数学教学带来很多启示和应用。通过引入这些元素,教师可以帮助学生更好地理解数学的本质和发展脉络,提高他们的学习兴趣和理解能力。同时也可以培养他们的逻辑思维、创造性思维和问题解决能力等方面的素养和能力。因此在实际教学中应该注重融入这些元素以促进学生的全面发展。

二、数学文化在数学课程中的重构

在深入研究并系统梳理 2019 年高中数学必修一至必修五(人教社 A 版)的核心内容后,我们深刻领悟了 2020 年修订的《普通高中数学课程标准(2017 年版)》的精髓。为了进一步加强高中数学教学的文化底蕴,我们对原有的数学文化融入结构体系进行了全面的优化和丰富。

新体系在保留原有知识点框架的基础上,进行了更为深入的拓展和延伸。我们特别突出了数学文化在数学教学中的重要地位,力求在传授数学知识的同时,让学生感受到数学的独特魅力和深邃内涵。通过融入数学史、数学美学、数学哲学等,使学生更加全面地理解数学的本质和价值。

在重构过程中,我们注重减少内容的重复性,确保每个部分都独具特色且富有价值。同时,我们引入了一些新的元素和视角,使体系更加完整和立体。例如,我们加强了数学思想的渗透和数学方法的训练,通过案例分析、问题探究等方式,帮助学生深入理解数学思想的精髓,掌握数学方法的运用技巧。

此外,我们还注重培养学生的逻辑思维能力和创新精神。通过设计富有挑战性的数学问题,引导学生进行独立思考和合作探究,激发他们的创新思维和解决问题的能力。同时,我们也注重培养学生的数学素养,让他们在日常生活中能够运用数学知识解决实际问题。

经过重构的高中数学教学融入数学文化的结构体系更加完善,更加贴近实际,更加具有文化内涵。这一体系不仅为学生提供了一个更加广阔、更加深入的数学学习平台,也为他们未来的学术研究和职业发展奠定了坚实的基础。我们相信,在这样的教学体系下,学生将能够充分领略到数学的魅力与深度,为他们的全面发展注入新的活力。

数学文化范畴	数学教学内容	数学文化融入建议
数学的应用文化、数学的思维文化	二分法	教师可将数学的应用文化与思维文化巧妙地结合,贯穿于教学之中。建议教师创设一个三次方程近似解的问题情境,引导学生通过自主探究,掌握二分法求解方程近似解的基本原理和算法,从而深化对函数与方程关系的理解。在这一过程中,教师不仅要注重程序性知识的原理、算法和应用的讲解,更要培养学生严谨的科学思维和理性分析问题的能力。 为了在教学中更好地融入数学文化,教师可以介绍一些历史上与三次方程求解相关的数学故事和人物,让学生感受到数学在解决实际问题中的重要作用和魅力。此外,教师还可以利用现代科技手段,如数学软件或在线平台,让学生在实践中体验数学的应用,培养他们的实践能力和创新精神。 通过这样的教学方式,学生不仅能够掌握数学知识,更能够树立起用数学的眼光观察世界、认识世界和思考世界的意识,为未来的学习和生活奠定坚实的基础。

数学的应用文化、数学的思维文化	函数的表示方法	教师指导学生开展"城市空气质量监测"的研究性学习活动,旨在培养学生每天记录、分析数据的好习惯,并鼓励他们采用简洁明了的方式展示空气质量的变化趋势。这一过程不仅增强了学生对函数表示方法的直观理解,还引导他们用数学的视角去观察和思考世界。此外,建议教师将数学文化融入这一研究性学习中,如引入历史上著名的空气质量研究案例,让学生体会数学在解决实际问题中的重要作用,从而培养他们勇于探索、敢于创新的科学精神。同时,利用教材上的阅读材料、实习作业等资源,进一步拓展学生的数学视野,提升他们的综合素质。
数学的美学文化、数学的思维文化	周期的概念	借助白居易的《赋得古原草送别》这一经典诗篇,教师可以引导学生注意诗中的意象和数量关系。例如,诗中对原野辽阔、草木茂盛的描述,可以引发学生对面积、生长速度等数学概念的思考。通过讨论草的生长与时间的关系,学生可以进一步理解函数、变量等基础知识。 　　为了在教学中更深入地融入数学文化,教师还可以在课堂中介绍一些与数学相关的数学故事和数学史知识。例如,讲述古代数学家如何利用数学知识研究天文、地理等领域的问题,或者介绍一些以数学为灵感创作的诗词作品。这些故事和知识不仅能够丰富课堂内容,还能够激发学生的学习兴趣和好奇心,使他们在欣赏故事、诗词的同时,也能够领略数学的博大精深。

数学的应用文化、数学的思维文化	区间上的两个单调函数相加所得函数的单调性	借助几何画板或 GeoGebra 等现代数学软件,教师可以设计一项关于两个单调函数在特定区间上相加后所得函数单调性的数学试验。在这项试验中,各小组能够自由选定子课题,并确定所要研究的两个单调函数。软件的绘图功能,可以直观地呈现函数的图像,从而让学生可以观察函数的变化趋势,并详细记录关于单调性的研究结论。 在进行试验的过程中,教师应鼓励学生勇于探索、大胆创新,不仅满足于观察结果,更要尝试用数学知识对结论进行证明。这种严谨的科学精神,是数学文化的重要组成部分。 为了在教学中更好地融入数学文化,我们还可以引导学生了解数学史上关于函数单调性的研究历程,感受数学家们对真理的不懈追求和对科学的敬畏之心。同时,教师可以介绍一些与单调性相关的数学应用案例,让学生体会数学在解决实际问题中的重要作用。 通过这样的数学试验,学生不仅能够加深对函数单调性这一数学概念的理解,还能够培养自身对数学的热爱和敬畏之情,进一步树立用数学的眼光观察世界、认识世界和思考世界的意识。

数学的应用文化、数学的思维文化	综合实践活动	教师可以设计一系列实践活动,如"营养午餐的科学搭配""确定运动会的起跑线"以及"倡导节约用水的策略"等,让学生在实践中体验有目的、有规划地提出研究思路、制订方案并解决问题的过程。教师通过这些活动旨在培养学生严谨认真、善于规划、有序做事的优良习惯。 在这些活动中,教师可以巧妙地融入数学文化。以"营养午餐的科学搭配"为例,教师可以指导学生运用比例和统计知识,对各种食物的营养成分进行计算和比较,从而提供合理搭配午餐的科学建议。在"确定运动会的起跑线"这一活动中,教师可以向学生介绍圆周率的历史背景及其计算方法,帮助他们理解起跑线设置的数学原理。至于"倡导节约用水的策略"活动,教师可以引导学生运用数学模型分析用水量的变化趋势,并鼓励他们提出切实有效的节水措施。
数学的思维文化	函数、基本初等函数	教师可以借助大量贴近学生日常生活的实例,来引导他们深刻感受变量之间相依关系的普遍性,以及学习变量间关系的必要性。通过展示变量间关系的实际例子,教师可以帮助学生体会函数的模型思想,进一步发展他们的符号意识。 在教学过程中,教师可以设计丰富多样的活动辅助教学,如让学生列表、画图、观察图像、进行合作交流以及总结展示等。这些活动旨在

续表

		让学生深入体会数形结合的思想,感悟两个变量在矛盾统一体中的共存关系。通过动手实践和互动交流,学生能够更加直观地理解变量之间的关系,提升数学学习的兴趣和积极性。 为了在教学中融入数学文化,教师可以结合历史典故或数学名家的故事,来展示变量之间的关系在数学史上的重要地位。同时,教师可以介绍一些与变量关系相关的数学应用,让学生了解数学在实际生活中的广泛应用价值。 此外,教师还可以鼓励学生探索身边的数学现象,寻找有关变量关系的实例,并尝试用数学语言进行描述。通过这样的实践活动,学生能够更加深入地理解数学的本质,培养自己的数学思维和解决问题的能力。
数学史与数学家文化、数学的思维文化	指数与对数、指数函数与对数函数	为了让学生更深入地理解指数与对数、指数函数与对数函数的发展历程,教师可以鼓励他们通过互联网或查阅相关书籍进行研究性学习。在这一过程中,学生将收集现实生活中的有关例子,尤其是那些能够展示"指数爆炸"现象的事例,如"折纸试验"。通过试验,学生可以直观地感受到纸张对折次数与层数之间的指数关系,从而深刻体会"指数爆炸"的惊人力量。这种学习方式不仅能够帮助学生理解抽象的数学概念,还能够让他们感受到数学在现实生活中的应用价值。

		在收集事例的过程中,学生还需要关注这些概念在人类认知发展过程中的作用。通过了解数学史,学生可以体会到人类在追求真理的过程中所表现出来的勇于探索、锲而不舍的顽强精神和科学态度。这种精神、态度的传承和发扬,对于提高学生的科学文化素养具有重要意义。 为了在教学中更好地融入数学文化,教师可以在研究性学习的过程中加入一些数学名家的故事和成就,让学生了解这些伟大数学家在探索数学真理的过程中所付出的努力和取得的成就。同时,教师还可以组织一些数学文化讲座或展览,让学生更加深入地了解数学文化的内涵和价值。
数学史与数学家文化、数学的思维文化	对数函数	利用生活中的鲜活实例,比如"细胞如何分裂的神奇过程""放射性物质衰减背后的秘密"以及"复利带来的惊人效应",教师可以为学生构建一个富有探索性的问题情境。在这个过程中,教师将引导学生从特殊到一般进行归纳,并巧妙地运用类比等数学方法,深入揭示对数式与指数式之间紧密而微妙的关系。这样的学习旅程,不仅能帮助学生更好地掌握数学知识,更能让他们在实践中感受到化归与转化、数形结合以及由特殊到一般的深刻数学思想和思维方式,从而更加全面地提升他们的数学素养和解决问题的能力。

数学的美学文化、数学的思维文化	函数的零点与二分法	在此过程中,教师可以融入数学文化的有关元素,使学生更全面地领略数学的魅力。例如,教师可以讲述对数的发明者约翰·纳皮尔的故事,让学生了解对数概念是如何诞生的,以及它在当时是如何推动天文学和航海学的发展的。此外,教师还可以介绍一些与指数、对数相关的数学名题和趣味问题,激发学生的学习兴趣和好奇心。
		借助央视曾热播的《猜价格》这一富有趣味性的实例,教师可以组织课堂讨论,自然地引出求解方程近似根的"二分法"。在此过程中,学生将深入剖析函数零点与方程根之间的联系和差异,进而深刻领悟动与静、相等与不等之间对立统一的辩证关系。在探索求解近似根的过程中,学生将逐渐培养出近似与准确、循环与迭代、无限与有限的独特思维方式和审美意识。 为了在教学中更好地融入数学文化,教师可以引入一些数学史的有关内容,比如"二分法"的起源和发展历程,以及它在数学领域和其他领域的应用。同时,教师还可以分享一些数学家的故事,让学生了解他们在探索数学真理的过程中所付出的努力和取得的成就。教师还可以组织一些数学文化活动,如数学讲座、数学展览等,让学生更加深入地了解数学文化的内涵和价值。这些活动将帮助学生拓宽视野,增强对数学的兴趣和热爱,从而更好地领略数学文化的魅力。

数学的应用文化、数学的思维文化	函数的应用	通过深入观察生活中的实例、积极搜集数据信息以及参与综合实践活动,教师鼓励学生亲身探索并分析实际问题中两个变量之间的微妙关系,进而解决相关问题。这样的过程不仅有助于培养学生的应用意识,提升他们的实践能力,更能让他们深刻感悟到数学是源于生活实践,并服务于生活实践的理性精神。 为了在教学中更好地融入数学文化,教师可以在实践活动中穿插数学史的知识,让学生了解数学是如何随着人类社会的发展而不断演进的。同时,教师可以引入一些经典数学问题或数学家的故事,激发学生对数学的兴趣和热爱。此外,教师还可以组织数学文化讲座或展览,让学生在欣赏数学之美的同时,加深对数学文化的理解和认识。
数学的应用文化、数学的思维文化	列方程解决实际问题	教师积极倡导开展小组探究活动,鼓励学生通过细致观察、深入思考和精准分析来列出方程,从而使他们能够深切体会方程作为描述现实世界数量关系的有力工具的独特魅力。这样的学习过程旨在帮助学生养成用数学的视角审视现实世界的习惯,学会运用数学的思维方式解决实际问题,并提升他们运用数学语言表达现实情境的能力。同时,教师注重揭示数学知识产生、发展及应用的全过程,以此激发学生的探索精神,培养他们敢于质疑、严谨求实的理性态度。

续表

		为了在教学中更好地融入数学文化,教师可以在小组探究活动中穿插一些数学史的内容,让学生了解方程的发展历史和其在数学领域的重要地位。此外,教师还可以引入一些与方程相关的经典数学问题或数学家的故事,让学生在解决问题的过程中感受数学的魅力和趣味性。同时,教师应鼓励学生通过查阅资料、参加数学讲座等方式,深入了解数学文化的内涵和价值,从而让学生更加热爱数学,更加珍视数学文化。
数学史与数学家文化、数学的应用文化	函数应用题	在现实生活中,经济发展和生产实践处处都蕴含着函数关系。教师若能巧妙地将这些实际情境与函数应用题相结合,尤其以中华民族伟大复兴为背景,不仅能提升学生的数学应用能力,还能让他们更深刻地了解国情,为祖国的繁荣昌盛感到自豪。 为了在教学中更好地融入数学文化,教师在编制应用题时,应注重引入数学史中的经典问题或故事,让学生感受到数学的深厚底蕴。同时,教师可以鼓励学生参与与数学文化相关的活动,如数学竞赛、数学讲座等,以拓宽他们的数学视野,增强他们对数学文化的兴趣。 此外,教师还可以结合现代科技手段,如利用计算机软件进行数学建模,让学生亲身体验将实际问题转化为数学模型的过程。这样不仅能提升学生的实践能力,还能让他们更深刻地理解数学在实际生活中的应用价值。

数学史与数学家文化、数学的思维文化	指数函数、对数函数和幂函数	在探讨指数函数、对数函数和幂函数的概念、图像及性质时,教师可以灵活运用"思维导图"和多媒体演示等教学工具和手段,深入剖析它们之间的内在联系与细微差异。通过这种方式,学生不仅能够直观地理解数与形、特殊与一般、归纳与类比等数学思维方式,还能逐渐培养出从多角度、多维度分析问题、总结规律的思维习惯。 　　为了在教学中更好地融入数学文化,教师可以在教学中穿插一些数学史的内容,让学生了解这些函数概念的起源、发展和应用。同时,在教学中教师可以引入一些经典数学问题或数学家的故事,以激发学生的兴趣和好奇心。如此,学生不仅能够掌握指数函数、对数函数和幂函数的相关知识,更能够领略数学文化的博大精深,形成正确的数学观和价值观。
数学史与数学家文化	集合论的诞生	在课前,教师可以组织学生以小组为单位,深入查阅文献,搜集并整理关于"数学三大危机"的相关材料,并制作成PPT。课上,各小组围绕"数学三大危机"进行展示与交流,共同探讨这些危机对数学发展的深远影响。课后,教师可以引导学生结合近代"数学三大危机",反思中国数学的发展状况,从中汲取经验教训,从而激发他们为中国数学的发展贡献力量的热情。

		教师可以在整个过程中穿插数学史的内容,让学生了解"数学三大危机"的历史背景、发生原因以及解决过程。同时,教师可以引入一些与"数学三大危机"相关的经典数学问题或数学家的故事,让学生在了解数学危机的同时,也能感受到数学的魅力和数学家的智慧。 　　此外,教师还可以鼓励学生通过阅读数学名著、参加数学讲座等方式,深入了解数学文化的内涵和价值。通过这些活动,学生可以更加全面地认识数学,更加热爱数学,从而培养他们学好数学、发展中国数学的积极态度。
数学史与数学家文化	函数的发展史	组织学生开展以"函数的发展史"为主题的研究性学习活动,是一项富有意义的教学举措。学生可以通过深入梳理函数二百多年的发展历程,了解数学知识的演进脉络,同时感受数学文化的深厚底蕴。在这个过程中,特别要关注李善兰先生对函数在中国传播所做出的杰出贡献。他引入并推广了"函数"这一数学概念,使得中国数学界得以与世界接轨,推动了数学在中国的发展。通过了解李善兰先生的故事,学生可以更加深入地理解"函数"这一中文名的意义,以及感受数学文化的魅力。

		为了让学生更加全面地了解函数的发展史,教师可以引导学生查阅相关文献资料、观看纪录片或参加学术讲座等,以丰富他们的知识储备。同时,教师可以鼓励学生在研究过程中发挥自己的创造力,尝试用多种方式呈现研究成果,如制作 PPT、撰写论文或举办小型展览等。最后,在形成"函数的发展史"的研究报告后,教师可以组织学生交流分享,让他们互相学习、共同进步。通过这一过程,学生不仅可以加深对函数知识的理解,更能够体会数学知识产生和发展过程中的艰辛与辉煌,从而更加坚定学好数学的信心。
数学的应用文化、数学的思维文化	数学问题的解决	教师运用精心设计的问题链,引导学生有序地进行信息的捕捉、精准提取以及灵活组合。在这个过程中,学生不仅能够掌握解题的思路,还能够调控自己的思维方向,勇于质疑并提出自己的想法,从而实现知识的有效迁移和实际应用。通过问题的逐步解决,学生能够深入揭示思维的发生和发展过程,这不仅有助于他们理解数学的本质,还能培养他们的科学精神,使他们在面对困难时能够迎难而上、锲而不舍。 此外,在设计问题链时,教师可以引入一些数学史上的经典问题或数学家的故事,让学生在解决问题的同时,感受数学的魅力和数学文化的深厚底蕴。通过这样的教学活动,学生不仅能够提升自身的数学素养和解题能力,还能在数学文化的熏陶下形成正确的数学观和价值观。

数学的美学文化、数学的思维文化	空间坐标系	教师可以借助陈子昂《登幽州台歌》中"前不见古人,后不见来者。念天地之悠悠,独怆然而涕下"的深远意境,来引导学生体会和理解一维、二维、三维乃至四维时空的玄妙联系与鲜明区别。一维时空,如同那"前不见古人,后不见来者"的直线,它只有前后的延伸,没有宽度和高度,简单而直接。二维时空,则如同平面上的世界,有了长和宽的概念,例如古代的地图或者画卷,虽然可以描绘出丰富的场景,但缺少立体的深度。三维时空,就是人们身处的现实世界,既有长度和宽度,又有高度,是一个立体而多彩的空间。人们可以在这一三维空间中自由行动,感受万物的存在。而四维时空,则加入了时间的维度,使得空间与时间相互交织,形成了一个复杂而奇妙的时空网络。在这一四维时空中,万物都有其诞生、发展和消亡的过程,一切都在时间的流逝中不断变化。 通过古诗词的意境,教师可以引导学生更加形象地理解这些抽象的数学概念,感受数学与文化的交融之美。同时,人们也应该为中华文化的博大精深而感到自豪,因为它不仅有着丰富的历史积淀,还蕴含着深刻的哲学思考和科学智慧。

数学的美学文化、数学的思维文化	空间几何体	教师应鼓励学生亲自动手制作几何模型，结合多媒体课件的生动演示，从不同角度深入观察常见的几何体结构，这不仅有助于他们直观地理解几何概念，更能让他们深刻体会《立体几何》教材中"从整体到局部、从具体到抽象"的设计思路。通过这一过程，学生能够亲身感受知识的发生和发展，逐渐建立起科学的认知规律。 　　在指导学生制作几何模型时，教师可以引入一些数学史上的经典几何问题或故事，让学生在动手实践的同时，也能领略数学的魅力。此外，教师还可以鼓励学生查阅相关数学文化资料，了解几何学的起源、发展和应用，从而更加全面地认识几何学在数学文化中的重要地位。
数学的美学文化、数学的应用文化	平面图形与立体图形的认识	教师应鼓励学生从日常生活中收集各种形状的实物，通过细致的观察、深入的分析和精确的比较，寻找不同实物之间的共同点。在这个过程中，学生将逐渐抽象出这些实物的共同特征，从而更深入地理解几何图形的本质。 　　为了进一步将数学文化融入这一活动中，教师可以引入古代的数学艺术，如几何图案在建筑和工艺品中的应用，让学生了解数学不仅是抽象的科学，更是与生活息息相关的艺术。通过欣赏古代的数学艺术作品，学生可以感受到图形的独特之美，从而激发他们对数学和美的热爱。

		在引导学生运用图形解决生活中的实际问题时,教师可以设计一些富有挑战性和趣味性的任务,如让学生利用图形设计家居布局、规划校园绿化等。这些活动不仅能让学生体会数学的实际应用价值,还能培养他们的创新能力和实践能力。
数学的应用文化、数学的思维文化	平面向量基本定理	教师可以设计一项富有探索性的活动,引导学生通过平面内两个给定向量的线性运算,表示并探索平面内不同的向量。这一过程中,教师自然地引出"平面向量基本定理"的探究,深入剖析定理中"任意性"和"唯一性"的深刻内涵。同时,教师还将进一步探讨定理在其他维度空间中的表现形式,以此培养学生的观察、分析、类比和归纳能力。 在活动中,教师应鼓励学生将数学理论与实际问题相结合,运用数形结合的思想,将抽象的数学定理转化为直观的图形表达,从而更好地理解和应用定理。此外,教师还可以在活动中融入数学文化元素,引入古代数学家的研究案例和现代数学在各个领域的应用实例,让学生感受到数学文化的魅力和数学在社会发展中的重要作用。

数学史与数学家文化、数学的应用文化	一元一次方程、二元一次方程组、一元二次方程的应用	通过精心编制一系列应用题，教师可以将实际生活、经济发展以及科技创新等多元背景融入其中，使学生在解决这些数学问题的过程中，不仅锻炼自身数学建模能力，更能深刻了解我国现代化发展的辉煌成就，从而由衷地为祖国的繁荣昌盛感到自豪。 在应用题的设计上，教师可以结合当前社会的热点话题，如环境保护、新能源开发、高科技产业等，让学生在实际问题的解决中感受数学与现实世界的紧密联系。同时，教师可以巧妙地融入数学文化元素，如引用古代数学家的智慧结晶，或者展示现代数学在科技领域的创新应用，让学生在解决问题的过程中，也能领略到数学文化的博大精深。
数学的美学文化、数学的思维文化	探索并证明平行四边形的判定定理及性质定理	通过设计一系列富有趣味性的动手拼摆活动，结合小组讨论与合作交流的方式，教师可以让学生在实践中探索数学奥秘，从而发现数学规律，并勇敢地提出猜想。为了验证这些猜想，教师可以结合动画演示等多媒体手段，将复杂的数学原理变得直观易懂，使学生能够在理解的基础上进行演绎推理，从而深入体验数学的严谨性。 为了将数学文化融入教学过程中，教师可以选取一些与课程内容相关的数学史话、数学趣闻或数学家的故事融入课堂教学，让学生在轻松愉快的氛围中感受数学的魅力。这样不仅能够激发学生的学习兴趣，还能够帮助他们更好地理解数学原理，提升数学素养。

		通过这样的教学方式,教师不仅能够培养学生的探索精神和创新精神,还能够让他们在学习数学的过程中感受数学的严谨性和美妙性,从而更加热爱数学,更加深入地探索数学世界的奥秘。
数学的美学文化、数学的思维文化	图形的平移与旋转	通过生动的实例观察、亲身参与的动手操作以及直观的动画演示,学生能够深入体验平移与旋转的抽象概括过程。这样的实践活动不仅能够帮助学生积累丰富的数学活动经验,还进一步发展了他们的空间观念,使他们能够从图形运动变化的角度去理解和解决问题。 为了在教学中融入数学文化,教师可以在教学时引入一些经典的几何图案和建筑设计,让学生欣赏这些作品中所蕴含的平移与旋转之美。同时,教师可以讲述一些与平移、旋转相关的数学史话,比如古代数学家是如何运用这些概念来解决实际问题的,或者现代数学中这些概念的应用和发展。
数学史与数学家文化、数学的美学文化、数学的思维文化	不等式与不等关系	教师可以借助多媒体展示我国举办的第24届国际数学家大会的会标"赵爽弦图",从而引出一个有趣的问题:在这一古老的数学图形中,隐藏着哪些等量关系和不等关系?通过观察和思考,学生不仅可以深入感受现实世界中等量关系和不等关系的相对性与普遍性,还能在探索这些关系的数学模型中,发现数学表达式的形式美。

		为了在教学中更好地融入数学文化,教师可以进一步拓展这一话题。例如,可以介绍"赵爽弦图"的历史背景和文化意义,让学生了解这一图形在古代数学中的地位和影响。同时,也可以引导学生探索其他古代数学图形或理论,如勾股定理等,从而感受古代数学的智慧和魅力。这样的教学活动,不仅能够帮助学生深入理解等量关系和不等关系的数学原理,还能够激发他们的学习兴趣和热情,让他们在探索数学世界的过程中感受数学文化的博大精深。
数学的应用文化、数学的思维文化	线面位置关系	在探讨空间线面位置关系时,教师可以鼓励学生亲自动手制作几何模型,如开展"折纸验证线面垂直"的探究活动,这种实践方式能使学生从直观感受逐渐升华到理性认识,深化对知识的理解。通过独立思考与小组合作交流,学生可以领悟线线垂直与线面垂直之间的内在联系和转化,这种转化思维不仅在数学中具有重要意义,也能在日常生活中发挥作用。 为了在教学中更好地融入数学文化,教师在教学时可以引入一些与空间线面位置关系相关的数学史话或数学家的故事,让学生感受到这一数学领域的深厚底蕴。同时,教师在教学时也可以结合一些经典的数学问题或案例,让学生在实际应用中体会推理论证的力量。这样能够培养学生善于观察、善于思考的习惯,形成严谨求实的科学精神和个性品质。

数学的美学文化、数学的思维文化	探索圆的有关性质	为了更深入地探索圆的诸多性质,教师可以设计一系列剪切、折叠等动手实践活动。在这些活动中,学生将亲手操作,细致观察,大胆猜想,并通过实际验证来加深对知识的理解。这一过程不仅有助于知识的内化吸收,更能让学生深刻感受到圆所蕴含的对称美与和谐美,从而更加深入地体会到数学的美学价值。 为了在教学中更好地融入数学文化,教师可以结合圆的几何特性,讲述一些与之相关的数学故事或历史典故。例如,讲述古代数学家如何研究圆的性质,以及这些性质在日常生活和科学技术中的应用。同时,还可以引入一些现代数学中关于圆的研究成果,让学生感受到数学文化的传承与发展。
数学的美学文化、数学的思维文化	轴对称、旋转、平移等图形变换	在轴对称、旋转、平移等图形变换的教学中,教师可以设计一系列实践活动,引导学生通过观察生活中的图形、亲手操作、猜想归纳以及绘图等过程,深入体会数学的对称美,并认识其广泛的应用价值。这样不仅可以帮助学生更好地理解数学美的内容和形式,还能让他们感受到数学美的本质特征,从而达成有效的审美教育。 同时,教师可以结合图形变换的概念,讲述一些与之相关的数学史话或数学家的故事。例如,教师可以介绍古代数学家如何运用对称、旋转和平移的原理来解决实际问题,或者讲述这些概念在现代数学、艺术和科技领域中的应用。此外,教师还可以展示一些运用图形变换设计的美丽图案或建筑作品,让学生更加直观地感受数学美的魅力。

数学史与数学家文化、数学的思维文化	频率与概率	在课堂上,教师可以组织学生以小组的形式开展掷硬币试验,并记录下每次试验中硬币正面朝上的次数。随后,借助Excel软件,将记录的数据生成频率折线图,使结果更为直观。在此基础上,教师可以引导学生欣赏棣莫弗、布丰等著名数学家关于概率的试验结果,让学生对比自己的试验结果与这些数学家的发现,深入思考频率与概率之间的关系,从而更加深入地理解概率这一概念。 为了在教学中更好地融入数学文化,教师可以讲述这些著名数学家背后的故事,让学生了解他们是如何通过不懈的探索和实验,逐步揭示出概率的奥秘的。同时,教师还可以介绍概率论在现代社会中的应用,如其在统计学、金融学、物理学等领域的应用,让学生意识到概率论的重要性和实际应用价值。 通过这样的教学活动,学生不仅能够掌握概率的基本概念,还能在探究过程中培养自身求真和求实的科学精神。
数学的美学文化、数学的思维文化	几何体的形成	教师可以利用多媒体课件生动展示"点动成线、线动成面、面动成体"这一几何演变过程,让学生直观感受运动变化、量质互变的数学观点。通过这一动态过程,学生可以更深刻地理解几何体的形成与演化,从而体会其对称美、和谐美,进一步感受数学的美学价值。

		为了在教学中更好地融入数学文化,教师可以在课件中穿插介绍一些与几何相关的数学史话或数学家的故事,让学生了解这些数学观点产生的历史背景和文化内涵。例如,可以讲述古希腊数学家如何研究几何图形,以及这些研究对现代数学和科学发展的深远影响。此外,教师还可以结合生活中的实例,让学生感受几何体的广泛应用性。例如,通过展示建筑设计、艺术创作等领域中几何体的应用,让学生认识到数学与生活的紧密联系,从而更加珍惜数学学科的学习。 通过这样的教学活动,学生不仅能够掌握几何体的基本知识,还能在欣赏数学美的同时,感受数学文化的博大精深,进一步激发他们学习数学的兴趣和热情。
数学史与数学家文化、数学的思维文化	算法意识	教师可以结合教材和生活中的鲜活例子,引导学生深入探究"秦九韶算法"与"吴文俊机器证明"等经典算法思想。教师鼓励学生主动查阅相关文献资料,有助于他们更全面地理解这些算法的原理与应用,进而培养他们的算法意识。算法思想作为现代人应当具备的基本素养,不仅能够提升学生的问题解决能力,还能帮助他们逐步养成有目标、有步骤地解决问题的良好习惯。 教师可以在教学过程中穿插介绍有关这些算法的历史背景和数学家的故事。例如,可以讲述秦九韶和吴文俊等数学家的生平和贡献,让学生了解这些算法思想的发展历程和重要意义。此外,还可以引入一些现代算法在实际生活中的应用案例,让学生感受算法思想的广泛应用和实用价值。

数学史与数学家文化、数学的应用文化	概率与古典概型	通过生动的实例,如"布丰投针"和"分组掷硬币"等试验,教师可以深化学生对概率与生活紧密相连的认识,并使他们体会到客观世界中偶然性与必然性之间的辩证关系。这些试验不仅有助于学生理解概率基础知识,更能激发他们探索数学奥秘的兴趣,从而增强他们概率基础知识作为未来公民必备常识的意识。 为了在教学中更好地融入数学文化,教师可以在试验过程中穿插介绍概率论的发展历程和一些著名数学家的故事。例如,可以讲述布丰如何通过投针试验发现了著名的布丰投针公式,以及这个公式在数学和物理学领域的应用。同时,还可以介绍一些概率论在现代生活中的应用实例,如在保险、金融、数据分析等领域的应用,让学生感受到概率论的实际应用价值。 此外,教师还可以鼓励学生利用概率知识去解决一些实际问题,如制定抽奖活动的规则、分析彩票中奖的概率等。通过这些实践活动,学生可以更加深入地理解概率的概念和应用,同时也能培养他们的数学应用能力和解决问题的能力。
数学的应用文化	调查方式及相关概念、统计量、统计图表	教师鼓励学生开展实践调查,统计并分析数据,旨在通过这些研究性学习活动,培养他们独立思考、敢于质疑、勇于发表个人见解以及善于合作交流的学习习惯。这些活动不仅让学生体验到运用数学知识解决实际问题的成就感,更能够增强他们学好数学的信心,从而深刻领悟数学的科学价值、应用价值和人文价值,进一步提升自身的科学素养。

		为了在教学中更好地融入数学文化,教师可以鼓励学生深入研究一些数学史上的经典问题或定理,如勾股定理、黄金分割等,通过了解这些定理的发现和证明过程,感受数学家的智慧和毅力。同时,教师也可以结合现代科技手段,如使用计算机程序进行数据处理和可视化展示,让学生亲身体验数学在科技领域的广泛应用。 此外,教师还可以组织学生进行数学文化分享活动,让他们分享自己在研究性学习中的收获和体会,或者介绍一些有趣的数学故事或数学游戏,从而增强学生对数学文化的兴趣和热爱。
数学的应用文化、数学的思维文化	概率的意义与计算	在教授概率的意义与计算具体事件发生的概率时,教师应引导学生将理论知识与实际问题相结合,培养他们分析问题和解决问题的能力。通过这样的教学过程,学生可以更深入地认识数学这门学科的特性——高度的抽象性、严谨的逻辑性以及广泛的应用性。 为了在教学中更好地融入数学文化,教师可以在教学时引入一些数学史上的经典概率问题,如"赌徒破产问题"等,让学生了解这些问题是如何推动概率论的发展的。通过讲述这些问题,学生可以更好地理解概率论在现实生活中的重要性和应用价值。 教师也可以结合现实生活中的例子,如天气预报、股票投资等,来讲解概率的计算方法和应用。这样可以让学生更加直观地感受概率论与生活的紧密联系,从而激发他们学习数学的兴趣。

		教师还可以组织学生进行一些概率实验，如掷硬币、摸彩球等，让他们亲身体验概率的随机性和规律性。通过实践操作，学生可以更加深入地理解概率的概念和计算方法。 教师亦可以鼓励学生运用所学的概率知识去解决一些实际问题，如制定比赛规则、评估风险等。这样不仅可以培养学生的数学应用能力，还可以让他们体会到数学在解决实际问题中的重要作用。
数学的美学文化、数学的思维文化	曲线与方程	在学习曲线几何性质与其方程之间的推导关系，如深入探索"直线方程的五种形式"时，教师应引导学生感悟形与数之间和谐统一与相互转化的奥秘。这样的学习过程，不仅有利于帮助学生掌握数学知识，更能让他们体会到曲线与方程所蕴含的简洁美、对称美与和谐美。 为了在教学中融入数学文化，教师可以结合数学史的相关内容，让学生了解直线方程的不同形式是如何在历史的长河中逐步被发现和完善的。比如，可以讲述笛卡尔和费马等数学家在解析几何领域的贡献，他们的工作为现代数学的发展奠定了坚实的基础。 教师在教学中还可以引入一些与直线方程相关的经典数学问题，如欧拉线、帕斯卡定理等，让学生通过解决这些问题，更深入地理解直线方程的本质和应用。解决这些问题的过程，也锻炼了学生的数学思维和问题解决能力。 教师亦可以组织学生进行一些创意性的数学活动，如设计具有特定几何性质的图案或模型，让学生将所学的直线方程知识应用到实际创作中。这样的活动不仅能激发学生的学习兴趣，还能让他们在实践中更深刻地感受数学的美和魅力。

数学的应用文化、数学的思维文化	公式的推导、运算定律、性质、法则的探究	教师可以组织学生开展一系列的观察、猜测、实验、计算、推理和验证等探究活动,旨在引导学生独立思考,不盲从他人,坚持自己的见解。这样的活动有助于培养学生求真求实的科学态度,同时激发他们的探索精神、质疑精神和创新精神。 　　教师可以在教学中巧妙地融入数学文化,让学生在探究中感受数学的魅力。例如,教师在教学中可以引入一些经典的数学猜想或未解之谜,如费马大定理、哥德巴赫猜想等,让学生尝试通过观察和试验探索其中的奥秘。这样不仅可以激发他们的好奇心和求知欲,还能让他们深刻体会到数学问题的复杂性和挑战性。 　　此外,教师在教学时还可以结合数学史的内容,讲述一些数学家探索数学真理过程中的故事和成就。数学家的故事可以让学生了解数学家是如何通过坚持不懈的努力和勇敢的探索,逐步揭示出数学世界的奥秘的。这样的讲述不仅可以增强学生的数学文化素养,还能激励他们在探究活动中勇于挑战、敢于创新。

数学的应用文化、数学的思维文化	统计	教师可以组织学生参与一系列统计活动，包括数据的收集、整理和分析，让他们初步体验数据分析在解决问题中的独特价值和作用。这样的活动旨在培养学生尊重客观事实、言必有据、实事求是的科学态度。 在活动的组织过程中，教师可以巧妙地融入数学文化，让学生在实践操作中感受数学的魅力。例如，教师可以引导学生了解历史上的一些著名的统计案例，如人口普查、民意调查等，让他们认识到数据分析对社会发展和决策制定的重要性。 同时，教师在教学时可以结合数学家的故事，讲述他们是如何通过精确的数据分析，为解决现实问题提供有力支持的。数学家的故事能够激发学生对于数学的兴趣和热情，让他们更加积极地参与到统计活动中来。教师还应注重培养学生的批判性思维，鼓励他们在数据分析过程中保持独立思考，勇于质疑已有的结论，并根据客观事实提出自己的见解。 教师还可以将统计活动与现实生活相结合，让学生运用所学知识去解决实际问题。例如，组织学生对学校图书馆的借阅情况进行统计分析，或者对班级学生的学习成绩进行统计分析，帮助他们更好地理解统计分析在实际应用中的价值和作用。

数学的应用文化、数学的思维文化	统计的意识与方法	教师可以策划一项名为"大数据与民生探索"的研究性学习活动。在此活动中,学生将运用互联网和计算机等工具,全面收集、细致整理并深入分析我们所在城市某一时段的交通状况、空气质量、房价动态及消费水平等大数据。通过亲身参与数据的统计与生成过程,学生将深刻体会如何将现实问题转化为统计问题,并在实践中牢固掌握统计的核心知识与实用技巧。这样的活动旨在加深学生对统计知识的理解与应用,提升他们解决实际问题的能力。 　　为了在教学中有效融入数学文化,教师可以在教学时引导学生了解数学在数据处理和统计分析中的重要作用,并介绍一些历史上著名的统计学家和他们的贡献。通过讲述这些数学家的故事和成就,学生将更加深刻地感受到数学的魅力和实用性。 　　此外,教师还可以组织学生参与讨论,让他们分享自己在数据收集和分析过程中的心得和体会。这样的讨论不仅可以促进学生之间的交流和合作,还可以帮助他们深入理解数学与现实生活之间的联系。

数学的美学文化、数学的思维文化	图形的拼组、对称、平移、旋转	通过组织诸如拼组图形和设计图案等富有创意的活动,教师可以有效提升学生的知识应用能力,激发他们的想象力,并培养他们的创新精神。 　　为了在教学中更深入地融入数学文化,教师可以在教学时引入一些经典的几何图形和图案,让学生深入了解它们的起源、发展和应用。比如,通过介绍古希腊的几何学家如何发现和研究各种图形,学生可以感受到数学文化的深厚底蕴,从而更加珍视和热爱数学。 　　教师可以结合数学史上的著名问题或猜想,引导学生进行图形拼组和图案设计。例如,教师可以提出一个与图形相关的问题或挑战,让学生尝试通过不同的拼组方式和设计理念来解决问题。这样的活动不仅可以培养学生的创新思维,还能让他们更加深入地理解数学问题的本质。 　　教师还可以鼓励学生将所学的数学知识与其他学科相结合,创作出具有独特风格的图案或作品。比如,可以与艺术课程相结合,让学生利用数学图形创作出具有艺术美感的作品;或者与物理课程相结合,让学生通过图形拼组来模拟物理现象。这样的跨学科融合不仅能够提升学生的综合素质,还能让他们更加全面地感受数学的魅力。

续表

数学的应用文化、数学的思维文化	点、线、圆的位置关系	为了使学生更透彻地领悟点与直线、点与圆、直线与直线、直线与圆以及圆与圆之间的位置关系,教师可以巧妙地结合日常生活中的实际例子,并借助多媒体展示或模型演示来辅助教学。在这一过程中,教师可以鼓励学生运用代数和几何的不同方法来深入探究上述关系。如此,学生不仅能够直观地观察数学元素之间的运动变化,更能体会数形结合这一重要的思维方式,从而更深刻地理解量变到质变的数学过程。 在教学时,教师可以引入一些数学史上的经典问题或定理,如欧几里得的几何原理、阿波罗尼乌斯的圆锥曲线等,这些内容与课堂上所研究的位置关系紧密相关。通过讲述这些数学史上的故事和成就,学生将更加感受到数学文化的深厚底蕴,增强对数学学习的兴趣和热情。 在教学时,教师亦可以结合生活中的实例,让学生在实际问题中运用所学的位置关系知识。例如,可以让学生思考在城市规划中如何确定道路与建筑物的位置关系,或者在建筑设计中如何考虑不同元素之间的空间布局。通过这样的实例分析,学生将更深刻地理解数学在现实生活中的应用价值。 此外,教师还可以利用多媒体或模型演示来辅助教学。通过动画、图像或实物模型等方式展示点与直线、点与圆等位置关系的动态变化过程,学生可以更直观地观察和理解这些关系的变化规律。这样的教学方式不仅能够激发学生的学习兴趣,还能帮助他们更好地掌握数学知识和技能。

数学的应用文化、数学的思维文化	正弦定理的探究	教师可以巧妙地设置一个与三角形边角关系相关的数学问题情境,以此引发学生对直角三角形三内角正弦值关系的深入思考。在教师的引导下,学生尝试从已知条件出发,大胆猜想正弦定理的存在性,为后续的定理证明铺设了坚实的基础。整个过程中,学生亲身经历了从提出问题、分析问题到解决问题的完整数学探究之旅。 　　在引导学生猜想和证明正弦定理的过程中,教师可以融入数学文化中的探究精神和逻辑推理方法。例如,通过讲解历史上数学家如何运用归纳、猜想和证明等方法来探索数学规律,鼓励学生模仿这些思维方式,培养自己的数学探究能力和逻辑推理能力。 　　教师还可以结合现实生活中的实例,让学生感受正弦定理在解决实际问题中的应用。例如,在物理、工程等领域中,正弦定理常常被用来解决与角度和边长相关的问题。通过这些实例的介绍,学生可以更加深入地理解正弦定理的实际意义和应用价值。 　　在教学中融入有关数学文化的情境设置和教学方法,教师可以帮助学生更好地理解正弦定理的数学意义和应用价值,培养他们的数学探究能力和逻辑推理能力,同时也能让他们感受到数学文化的魅力和价值。

数学的应用文化、数学的思维文化	三角函数模型	多媒体课件的直观展示让学生深刻感受到三角函数作为描述周期性变化规律的数学模型的重要性。多媒体课件的直观展示不仅有助于学生从数学的角度认识和理解生活中具有周期性的现象，还能激发他们的应用意识，使他们学会用数学的视角去分析和解决日常生活以及其他学科中的问题。 教师可以结合数学史上的经典案例，介绍三角函数的发展历程和应用背景。比如，讲述欧拉、傅里叶等数学家是如何运用三角函数解决周期性问题的，以及这些理论在物理学、工程学等领域中的广泛应用。这样不仅能激发学生的学习兴趣，还能帮助他们深入理解三角函数的本质和内涵。 教师可以利用多媒体课件展示一些生活中具有周期特征的现象，如昼夜交替、四季轮回、海浪起伏等，让学生直观感受周期性变化的规律。同时，教师可以引导学生思考如何运用三角函数来描述这些现象，从而培养他们的应用意识和解决问题的能力。 此外，教师还可以鼓励学生将所学的三角函数知识应用到其他学科中，如物理、化学、生物等。通过跨学科学习，学生可以更加全面地理解三角函数的应用价值，同时也能提高他们的综合素质和创新能力。

数学的应用文化、数学的思维文化	角的推广	在初中,学生已经对角的概念有了初步的了解。为了进一步推广角的概念并引入任意角的三角函数定义,教师可以鼓励学生收集生活中的实例,如观察自行车或汽车的车轮转动及转动方向,来深化对这一知识点的理解。同时,教师还可以在教学中融入数学文化,让学生在学习的过程中感受数学的魅力和价值。 首先,学生可以通过观察自行车或汽车的车轮转动,理解角在旋转运动中的重要作用。其次,学生通过记录车轮转动的方向和角度变化,可以体会角在日常生活中的应用。这样的实践活动不仅能帮助学生巩固知识,还能激发他们对数学的兴趣。 接着,教师可以引导学生将角的概念推广到任意角,并引入任意角的三角函数定义。在此过程中,教师可以结合数学史上的经典案例,如欧拉公式等,让学生了解三角函数在解决旋转问题中的重要作用。这样不仅能让学生更好地理解三角函数的意义,还能让他们感受到数学文化的深厚底蕴。 在教学的过程中,教师还应鼓励学生体会由特殊到一般的数学学习与发展的过程。学生可以通过对比不同角度下的三角函数值,发现其中的规律和联系,从而深化对三角函数的理解。同时,教师也可以引导他们思考如何将所学知识应用到其他领域,如物理学、工程学等,培养他们的跨学科思维。

数学的应用文化、数学的思维文化	弧度制	在回顾角度制概念的基础上,教师可以巧妙地引入弧度制,聚焦"度量单位"这一核心概念,深入探索两种度量单位之间的转化关系。通过这样的学习,学生不仅能够体会到数学知识之间的相互联系与和谐统一,还能更深入地理解数学的本质。 为了在教学中更好地融入数学文化,教师可以结合数学史上的发展脉络,介绍弧度制的起源和演变过程,让学生了解弧度制并不是凭空产生的,而是在数学家长期的研究和实践中逐步形成的。通过了解数学史,学生可以更加深入地理解弧度制的来龙去脉,感受数学的深厚底蕴。 教师可以引导学生通过具体的例子,体会角度制和弧度制在实际应用中的差异和联系。比如,在三角函数的研究中,弧度制具有更为简洁和直观的性质,使得很多问题的解决变得更加方便。通过这样的实例,学生可以更加直观地感受到弧度制的优越性和实用性。 通过回顾角度制、引入弧度制、融入数学文化等教学方法,教师可以帮助学生更好地理解弧度制的概念和应用,培养他们的数学素养和综合能力。同时,也能让学生感受到数学的魅力和价值,激发他们对数学的兴趣和热爱。

三、数学文化在教学评价中的转向

评价是提升教学质量的关键环节,尤其在数学文化融入课堂教学的背景下,评价工作显得尤为重要。当前,虽然对数学题目中蕴含的数学文化有所评价,但关于教师、学生和学校相关人员的评价方式的研究尚显不足。数学文化在教学中的融入程度及其效果,需要一套科学、合理的评价方式来衡量。

考虑到数学文化的特殊性和复杂性,评价方式的设计并非易事。我们不应局限于传统的笔试形式,而应积极探索更多元化的评价手段。比如,可以通过口答竞赛来检验学生的口头表达能力和思维的敏捷性;可以通过小组的讨论、操作来观察学生的合作精神和实践能力;可以通过数学小日记的撰写、数学小报或手工模型的制作来了解学生的创新精神和审美素养。同时,对优秀作品或成果进行口头鼓励、评星,能够激发学生的学习热情和自信心。

此外,鼓励学生建立数学学习成长档案袋也是一种有效的评价方式。学生可以将自己认为最有进步、最满意的作业放入其中,也可以将印象最深刻的问题或活动记录放入其中,这样不仅有助于他们自我反思和成长,也能为教师提供更为全面的学生评价依据。

在组织数学文化活动时,我们还应关注学生是否积极参与、同学之间是否热情交流和合作,以及学生是否具备良好的数学学习习惯和兴趣。这些方面的评价亦十分重要,因为它们能够反映数学文化教学的实际效果。

评价主体方面,除了教师之外,学生和学校相关人员也应参与其中。运用撰写研究报告、讨论、发言、总结等形式进行评价,能够更全面地反映数学文化教学的成果和问题。同时,采用定性与定量相结合的评价方式,以及百分制和等级制等多样化的评价方式,能够更准确地衡量数学文化教学的效果。

总之,做好数学文化融入课堂教学的评价工作是一项复杂而重要的任务,需要我们不断探索和创新评价方式,以更好地促进数学文化教学的研究与发展。

好的评价机制需要正确的方式方法,更需要灵感与智慧。当前,在高中学科课堂中,数学文化在一定程度上得到重视,但并没有得到相应的落实,"雷声大雨点小",甚至"没有雨点",是不争的事实。令人欣喜的是,近几年高考试题开始有意识地进行尝试和引导,这是一种值得我们关注的趋向,需要我们把"改进数学文化融入数学教学"的评价机制提上研究日程。

我们实验学校结合实际情况改进了评价机制,在评价方法上,我们采用以下几种方法:

1. 教师听评课评价法

教师听评课是教学领域中一种重要的教研活动,旨在通过听课与评课的方式,提升教学质量,促进教师成长。从数学文化融入数学教学的视角来看,教师在听评课时,应特别关注数学文化在教学中的渗透与融合,以此评价教师的教学效果和学生的学习体验。

首先,教师在听课时,应重点关注课堂中数学文化的展现。观察教师是否通过生动的数学故事、有趣的数学现象或富有启发性的数学问题,将数学文化自然地融入教学中。同时,注意教师是否引导学生发现数学中的对称美、简洁美等美学元素,培养学生对数学美的感知和欣赏能力。

其次,在评课时,教师要从数学文化融入数学教学的角度对课堂进行深入分析,评价教师是否成功地将数学文化与数学知识相结合,使学生在理解数学知识的同时,也能感受到数学文化的魅力。此外,还要关注教师是否通过数学文化的融入,激发了学生的学习兴趣和探究欲望,以及是否培养了学生的逻辑思维能力和问题解决能力。

具体来说,教师可以从以下几个方面进行评课:

(1)数学文化的自然融入程度

评价教师是否将数学文化自然地融入教学中,而非生硬地强加或牵强附会。同时,观察数学文化与教学内容的衔接是否流畅,是否有助于学生对数学知识的理解和掌握。

(2)数学美感的传达与培养

评价教师是否通过具体的教学内容和教学方法,传达数学的美感,引导学生发现和欣赏数学中的美。同时,观察学生是否能够在学习中感受数学的美,从而增强对数学学习的兴趣和动力。

(3)学生逻辑思维能力与问题解决能力的提升

评价教师在数学文化融入数学教学的过程中,是否有效地培养了学生的逻辑思维能力和问题解决能力。同时,观察学生在课堂上的表现,了解其是否能够运用数学思维方式分析和解决问题。

(4)课堂氛围与学生参与度的考量

从数学文化融入数学教学的视角出发,评价课堂氛围是否和谐融洽,是否有利于学生的思考和探究。同时,观察学生的参与度,看其是否能够积极参与到数学文化的学习和讨论中。

综上,教师在听评课时,应从数学文化融入数学教学的视角出发,全面、深入地评价课堂教学。教师应通过关注数学文化的展现、分析数学文化融入的效果以及考量课堂氛围与学生参与度等方面,不断提升教学质量,促进学生的全面发展。

示例：实验学校的数学文化融入数学教学的评价表

评价项目	融入数学文化评价标准及评分细则	等级			分数
		A	B	C	
课堂导入 （10分）	1.数学文化融入自然巧妙,情境创设合情合理、贴近学生实际生活。	5	4	3	
	2.学生对于导入数学文化情境的兴趣与注意力的集中度,以及融入数学文化的内化度。	5	4	3	
知识、方法、规律的发生与学生基本技能的形成与发展过程 （60分）	3.融入数学思维文化的清晰度,教学主线准确和知识方法、规律发生过程的流畅度。	9	7	5	
	4.学生技能的发展度和思维的深刻度、敏捷度。	9	7	5	
	5.在例题讲解过程中,学生自主性和探索性的体现度。	9	7	5	
	6.在课堂训练过程中,学生思路和数学应用文化、审美文化、思维文化的表现度。	9	7	5	
	7.在合作探究中,学生探究数学文化问题的实效性和教师专业指导的科学性与准确性。	9	7	5	
	8.在展示学习成果的过程中,课堂互动的有效性和数学思维的容量。	8	6	5	
	9.关注学生个体差异,鼓励学生质疑,兼顾"两极"学生发展需要的程度。	7	5	4	

课堂效果 （20分）	10.局部效果：课堂提问、课堂巩固训练（板演）的实际效果。	5	3	2	
	11.整体效果：课堂限时针对性检测的实际效果。	5	3	2	
	12.学生非智力因素的发展度与数学文化素养的提高度。	5	3	2	
	13.总结归纳本节课的规律和方法的过程中师生合作的体现度。	5	3	2	
教学技能 （10分）	14.数学文化用语规范、简洁、标准，课堂氛围体现师生整体的和谐。	4	3	2	
	15.学生学习过程中，体现的教师的教育机智、果断、富有弹性的应变能力，对数学文化融入教学的驾驭能力。	3	2	1	
	16.板书工整、清晰、规范，具有示范作用和审美熏陶作用。	3	2	1	
简评：				总分：	

2.问卷调查评价法

问卷调查评价法是一种常见的教学评价方法，通过设计问卷并收集和分析数据，全面地了解学生对教学的看法。从数学文化融入教学的视角出发，问卷调查评价法有助于教师深入了解数学文化在教学中实际的融入效果，以及学生对数学文化的接受程度。

问卷的设计,旨在通过细致的调查与数据收集,真实反映教师在教学过程中对数学文化的实际运用经验和所面临的挑战,从而为教师改进和完善教学方法提供坚实的数据支撑。问卷不仅关注教师在课堂教学中如何融入数学文化,更深入挖掘他们在实践过程中的心得体会和困惑。通过问卷的发放与回收,教师可以更加全面地了解自身在数学文化融入教学方面的创新尝试和所取得的成效,同时也能及时发现存在的问题和不足,为后续的教学改进提供有益的参考。

此外,问卷还可以关注学生在数学文化课堂中主体角色的发挥情况。通过了解学生在这种教学模式下的学习状态、参与程度以及反馈意见,教师可以更加客观地评估数学文化对学生数学核心素养的提升效果。同时,针对不同类型学生的心理特征和学习需求变化,问卷也可以进行深入的分析和探讨,以便教师针对不同学生群体制订更加精准、有效的教学策略。

通过一系列问卷调查,教师期望能够收集到大量真实、有效的数据,为进一步优化数学文化教学方法提供有力的支持。同时,我们也希望通过这些调查,激发更多教师和学生对数学文化的兴趣和热情,推动数学文化在教学中的广泛应用和深入发展。

从数学文化融入教学的视角来看,问卷调查评价法可以帮助教师了解以下几个方面的情况:

(1)学生对数学文化的认知程度

通过问卷调查,教师可以了解学生对数学文化的了解程度、对数学美的感知能力以及对数学历史、数学家故事的兴趣等。这有助于教师判断学生对数学文化的整体认知情况,从而调整教学策略。

（2）数学文化融入教学的效果

问卷可以询问学生对数学课堂中融入数学文化的具体感受，如是否觉得数学变得更加有趣、是否更容易理解数学知识等。通过学生的反馈，教师可以评估数学文化融入教学的实际效果，以便进一步优化教学方法。

（3）学生对数学文化融入教学的需求和建议

问卷还可以设置开放性问题，让学生表达对数学文化融入教学的期望和建议。这有助于教师了解学生对数学文化的具体需求，从而有针对性地改进教学内容和方式。

总之，通过问卷调查评价法，教师可以从数学文化融入教学的视角出发，全面了解学生对教学的看法和反馈。这有助于教师发现教学中的问题和不足，进而优化教学策略，提升数学文化融入教学的效果。同时，问卷调查评价法也可以作为一种有效的沟通方式，增进师生之间的理解和信任，促进教学质量的提升。

3.学生座谈评价法

学生座谈评价法是一种直接而深入的教学评价方式。教师通过组织学生进行座谈讨论，获取学生对教学的真实反馈和意见。从数学文化融入教学的角度，学生座谈评价法能够使教师更具体地了解学生对数学文化融入教学的体验和感受，为教师提供宝贵的改进建议。

首先，在组织座谈时，教师应确保环境宽松、氛围融洽，鼓励学生积极发言、自由表达，这有助于消除学生的顾虑，使其能够真实反映自己的感受和想法。同时，教师应明确座谈的主题和目的，引导学生围绕数学文化融入教学的话题展开讨论。

在座谈过程中,教师应认真倾听学生的意见和建议,关注学生的需求和期待。教师可以询问学生关于数学文化融入教学的具体感受,如是否觉得数学变得更有趣、更有启发性,是否能够在学习中感受到数学文化的魅力等。同时,教师也可以引导学生讨论数学文化对他们学习数学的影响,以及他们希望教师在教学中如何更好地融入数学文化。

通过学生座谈评价法,教师可以获得以下几方面的信息:

(1)学生对数学文化的感受与认同

通过学生的发言,教师可以了解学生对数学文化的感兴趣程度、理解深度以及认同情况。这有助于教师判断数学文化融入教学的效果,从而调整教学策略和方法。

(2)数学文化融入教学的实际效果

学生的反馈能够直接反映数学文化融入教学的实际效果。教师可以根据学生的描述和体验,评估数学文化在提升学生学习兴趣、促进知识理解等方面的作用,以便进一步优化教学内容和方式。

(3)学生的建议与期望

座谈中,学生可能会提出一些具体的建议或期望,如希望教师增加更多有趣的数学故事、引入更多数学文化元素等。这些建议能够为教师提供改进的方向和思路,有助于提升教学质量和效果。

综上所述,学生座谈评价法是一种有效的教学评价方式,能够从数学文化融入教学的角度了解学生对教学的看法和反馈。通过组织学生进行座谈讨论,教师可以更深入地了解数学文化在教学中的实际效果和学生的需求与期望,从而为改进教学提供有力的支持。

例如:本书研究运用的学生座谈法是一种常规性的调查方法。

教师采用随机抽样的方法,从每个班级中抽取5％至10％的学生作为访谈对象。这样的抽样比例旨在确保样本的广泛性和代表性,使得教师能够更加全面地了解学生的学习状况和对研究成果的反馈。

对于学生访谈的方式,一般选择集体访谈,即召开座谈会。这样的形式能够营造一种轻松、自由的交流氛围,使学生能够畅所欲言,充分表达自己的看法和感受。座谈会将按照年级进行划分,定期举办,以便教师能够及时获取学生的学习动态,并对教学方法进行必要的调整和优化。

同时,为了更具体地评价学生的学习进步和成长,教师可以引入成长记录手册这一工具。学生在完成相应的学习项目后,可以将自己的进步与体验记录在手册中。这不仅是对学生学习成果的一种肯定,更是一种激励,让他们能够持续保持学习的热情和动力。

当然,任何评价都必须紧密依据课程目标来进行。本书关于在教学中融入数学文化的研究,其根本主旨是促进学生发展。因此,在评价过程中,教师应始终坚持从学生发展的角度出发,关注他们在课堂学习中的成长与变化。

总的来说,通过随机抽样、集体访谈以及成长记录手册等多种方式,教师能够全面、深入地了解学生学习的开展情况,并结合研究目标对学生进行评价。这不仅有助于教师优化研究内容和教学方法,更能够为学生的全面发展提供有力的支持。

4.活动参与程度评价法

例如:函数概念的发展和应用

我们即将组织一场特别的研究性学习活动,主题是"函数概念的发展和应用"。我们鼓励学生自由组成3至6人的研究小组,大家集思广益,共同探索。学生可以通过访谈、上网或深入图书馆查阅文献资料,揭开函数概念的神秘面纱,了解它如何一步步发展,成为数学领域的重要基石。

开展这次活动旨在希望学生能够深入了解函数概念的形成与发展历程,体会它在数学发展史上的重要地位。同时,学生还要关注那些为数学进步默默付出的数学家,了解他们在函数概念发展过程中做出的杰出贡献。这不仅是一次学术探索,更是一次对理性精神的追寻和体验。

研究小组需要明确研究主题和步骤,然后分工合作,各展所长。研究成果可以以文字、图表、数据、表格等多种形式呈现,期待你们用创意和热情去展示你们的研究成果。当然,别忘了分享你们在研究过程中的感受和体验,这将是你们学习旅程中宝贵的财富。

对于不同年级的学生,我们有不同的期待。高一的同学,希望你们能够描述出函数概念形成的历史背景和发展过程,并介绍至少两位重要数学家在其中的作用。同时,你们也要了解函数概念引入我国的时间,以及初高中函数概念的差异。高二的同学则需要更加深入地了解这一过程,介绍更多的数学家,并初步分析初高中函数概念的差异。而高三的同学,我们期待你们能够在研究中感悟数学家和科学家的理性精神,形成一篇深入且全面的研究报告。

活动结束后,我们会组织小组间进行交流展示,并将你们的研究报告上传到网络,分享你们的研究成果。同时,这些报告也将成为你们个人成长档案袋中的一部分,记录你们的学术探索和成长历程。

评价的观测点:

(1)研究性学习活动是否能够取得成功,其关键在于主题是否明确清晰。一个明确的主题能够引领学生深入探索,聚焦关键问题,形成有针对性的研究方案。同时,活动的程序方式也是至关重要的,它决定了研究的路径和方法是否规范有效。科学合理的分工合作则能够确保每位成员都能充分发挥自己的优势,形成合力,共同推进研究的进程。最终,研究成果是否达到预期,则是检验整个活动成功与否的重要标志。

(2)研究报告的质量直接反映了研究性学习的成果。一份优秀的报告应该能够准确地描述函数概念形成的时代背景和原因,使读者能够深入了解函数概念的发展历程。同时,报告还应该对著名数学家在函数概念发展中所做的重要工作进行介绍和评价,从而展现出函数概念的深刻内涵和广泛影响。通过对函数概念及其发展的深入研究,学生应该能够形成更加深刻的认识,并凸显出求真务实的科学态度和为真理而敢于质疑、大胆创新的理性精神。

(3)研究性报告的体例结构是否规范合理,直接关系到报告的可读性和逻辑性。一种规范的体例结构能够使报告内容条理清晰,易于理解。同时,语言叙述的清晰有序也是报告质量良好的重要体现,它能够使读者更加轻松地理解研究内容和结论。此外,数据事例的科学准确也是不可或缺的一部分,它能够为报告提供有力的支撑和证明。最后,呈现形式的生动性则能够增强报告的可读性和吸引力,使读者更加愿意深入阅读和了解报告内容。

第五章　数学文化融入教学与命题的原则、途径与方法

在数学教学中融入数学文化教育，是一项既需要深思熟虑又充满挑战的任务。这一过程必须紧密结合学生的年龄特征、知识水平以及心理发展特点，遵循教学规律和学生身心发展的自然法则。通过精心设计的教学策略，教师可以全面激发学生的学习兴趣，调动他们的学习积极性，并在数学课堂上积极探索和实践数学文化教育的多种途径。

多元智能理论，这一先进理念由哈佛大学心理学家加德纳博士提出，为教师提供了全新的视角来理解学生的智能结构。该理论认为，人的智能并非单一存在，而是涵盖了身体运动智能、言语语言智能、视觉空间智能、数理逻辑智能、人际沟通智能、音乐韵律智能、自然观察智能、自我认识智能以及存在智能等多种智能类型。这些智能相互独立，以独特的方式和程度组合于每个人身上，形成了人们独特且丰富的智能特征。这一理论为教师揭示了人类智能的多样性和复杂性，有助于教师更全面地了解和评价学生的智能发展。

因此，在数学文化教育的背景下，教师扮演着营造、普及且共享学习环境的关键角色。通过采用多样化的教学组织形式和丰富多彩的教学活动，教师不仅要推动学生多种智能的均衡发展，还需特别关注并发展每个学生独特的优势潜能。唯有如此，教师才能实现全面发展与个性发展的和谐统一，培养出既具备扎实基础知识，又具备解决实际问题能力和创新能力的新型人才，让每一个学生都能依托自身的优势潜能，充分展现个人价值，实现个人梦想。

从教育改革的视角出发，实施数学文化融入计划不仅顺应了素质教育发展的必然趋势，更符合培养时代需求的创新人才的根本目

标。通过这一举措,教师能够推动数学教育的创新与发展,为学生的全面成长和社会的进步做出积极的贡献。这不仅是教育者的责任,更是我们对未来社会的期许与承诺。

一、数学文化融入数学教学的原则

多元智能理论给予了教师深刻的启示:在教学过程中,教师应积极与学生互动,共谋发展,妥善平衡知识传授与能力培养之间的关系。教师应注重培养学生的独立性和自主性,引导他们学会质疑、调查与探究,使学生在教师的指导下能够主动地、富有个性地学习。

同时,教师应充分尊重学生的人格,关注每个学生的个体差异,尽力满足他们多样化的学习需求。教师还需创设一个能够引导学生主动参与的教育环境,激发他们的学习积极性。综上所述,笔者认为在数学文化融入课堂的过程中,教学设计应遵循一定的原则,以确保教育的质量和效果。

1.随风潜入夜,润物细无声——有意无痕原则

高中数学这门学科,蕴藏着丰富的数学文化功能,它不仅具备科学性,更融合了深刻的思想性。在教学过程中,教师需要充分发挥教学机智和艺术,尤其要在"融入"二字上深耕细作。教师的目标是像春风化雨般,让学生在数学学习中自然地领悟数学文化,实现文道合一。这一切都需要建立在学生充分的自主意识上,让他们在自愿和自觉中接受教育。

当教育的意图被巧妙地隐藏,教育的色彩被适度地"淡化"之后,数学教学便能更触及学生的心灵深处。数学教师若能将这种数学文化的"无痕"原则贯穿于整个教学过程,那么,教学的教育性目标也就真正得以实现了。这不仅仅是对数学知识的传授,更是对学生文化素养和思维品质的培养。

因此,我们强调教师在高中数学教学中,要更加注重数学文化的

渗透和融入。教师应通过精心设计的教学环节和富有启发性的教学方法,引导学生主动探索、积极思考,让他们在掌握数学知识的同时,也能深刻领悟数学文化的精髓。这样,我们才能真正培养出既具备科学素养,又拥有深厚文化底蕴的新一代青年。

例如:实验学校数学课堂中融入数学文化的教师课堂推荐用语

课堂上老师适时的鼓励可以更大地提高学生学习的主动性,与此同时老师也可以很好地融入数学文化教育,比如:

(1)你的解题思路如此独特,你愿意和大家分享你的灵感来源吗?数学的美,往往就隐藏在这样不凡的创意之中。

(2)你的回答非常精准,逻辑也十分清晰。如果声音能再大一些,那就更好了!在数学的世界里,清晰的表达同样重要。

(3)你真的很细心,善于动脑思考,提出的问题很有深度。看来你已经有当小老师的潜质了!数学学习需要的就是这种不断探索的精神。

(4)你的这种解题方法真的很新颖,比老师想得还要周全。继续努力,相信你在数学的道路上会走得更远!

(5)别着急,静下心来再想一想,再试一次。每一次尝试,都是对数学奥秘的一次探索。

(6)没想到同学们这么聪明,老师真是低估你们了!看来,你们已经深深地感受到了数学的魅力。

(7)难题最怕的就是你这种认真不服输的精神。试试看,你一定能够攻克这道难题!

(8)你的预习作业完成得非常好,你自主学习的能力真的很强。你能和大家分享一下你的学习方法吗?让大家一起进步。

(9)同学们的合作能力真的很强,这么快就完成了老师布置的任务。在数学的世界里,团队合作很重要。

（10）在我们这个团结奋进的班级里，每个人都是最棒的。数学学习不分优劣，只要努力，就能取得进步。

（11）你的作业越来越工整了，批改起来也越来越轻松，看来你已经找到了学习数学的正确方法。

（12）老师希望同学们能够再接再厉，不断挑战自己，取得更大的进步！数学的世界充满了无限可能，等待你们去探索。

（13）你们在老师心目中是最棒的。现在，老师需要你们的帮助，让我们一起来探索这道数学难题的解法。

（14）你的作业又进步了，你如果能再细心一点，计算上再准确一点，那就更完美了！加油，你一定能够做到！

（15）老师期待下节课能看到你们更加出色的表现！让我们一起在数学的世界里畅游，感受它的魅力。

（16）面对难题，我们要有勇往直前的精神。开动你们的脑筋，抓紧每一分钟，我们共同提高课堂效率，探索数学的奥秘。

（17）你虽然没有完全解决这个问题，但敢于分享你的解题思路已经很棒了！学数学需要勇气，说错没关系，关键是要敢于尝试。

（18）你是一个善于思考、敢于发表自己见解的好学生，掌声送给你，期待你在数学的世界里取得更大的成就！

（19）你是敢于挑战数学难题的勇士，老师为你点赞！相信你会在数学的道路上越走越远。

（20）这个问题很有研究价值，我们一起来探讨一下。数学的魅力就在于这种不断探索和发现的过程。

（21）科学家在做完研究后都会整理好材料，你们这一组这一点做得很好。在数学的学习中，我们也要养成这种良好的习惯。

（22）今天的讨论非常热烈，参与的人也很多，大家说得都很有深度。我为你们感到骄傲！在数学的世界里，我们就是要这样不断交流、共同进步。

2.条理分明如织锦，层次分明似登楼——有序分层原则

柯尔伯格的认知发展道德理论为我们提供了一个宝贵的视角，它指出个体道德的发展与其认知水平和逻辑思维能力紧密相连。这一理论在数学教育中同样具有重要意义，特别是在我国传统数学文化强政治性特点的背景下，如何确保数学文化教育的实效性成为一个值得深思的问题。

我国传统数学文化有着深厚的政治色彩，所设定的目标往往宏大而抽象，这在很大程度上超出了学生的认知水平，导致数学文化教育的实效性受到影响。因此，数学教师在课程设计和教学中需要更加注重挖掘适合学生年龄心理特征、符合学生认知水平和接受能力的数学文化因素。

为了实现这一目标，数学教师需要深入研究数学文化大纲，明确各学习阶段的数学文化目标、内容以及学科课程标准中不同阶段的情感态度和价值观目标的分级要求。在此基础上，教师应按照循序渐进的原则，先传授学生易于理解和接受的小而近的内容，然后逐渐引导他们接触和理解远而大的概念。正如宋代朱熹所言："君子教人有序，先传以小者近者，而后教以大者远者。"

这样的教学方式，不仅可以激发学生的学习兴趣和积极性，还能够帮助他们正确认识和理解数学文化。同时，这也符合学生的认知发展规律，有助于他们在掌握数学知识的同时，提升自身道德水平和思维能力。

教师应对课程和教材中的数学文化因素进行梳理，使教学中融入的数学文化目标和内容序列化、层次化。以爱国主义教育为例，中学阶段的教育应侧重于感性认识的融入，通过展示生动的具体实例，让学生初步感知爱国的内涵，培养他们朴素的爱国情感。进入初中

阶段,应深化教育内容,融入国史、国情、国策等元素,引导学生从理性层面认识爱国的重要性,为他们的爱国情感的培养奠定坚实的基础。到了高中阶段,鉴于学生正处于世界观、人生观、价值观形成的关键时期,教师在教学时应着重引入历史唯物主义和辩证唯物主义的基本观点,帮助学生树立坚定的报国信念。这种分阶段、有层次的融入方式,更符合学生的认知发展规律,有助于他们更好地理解和接受爱国主义教育,进而实现道德的真正发展。

例如:两角和与差的正弦、余弦公式的教学层次化设计

(1)以数学史为引子,回顾旧知

教师可通过讲述古代数学家如何探索角度与三角函数的关系,激发学生的好奇心。这样的情境设计不仅使学生回顾了旧知识,还在教学中融入了数学文化,使课堂更具深度和趣味性。

(2)明确目标,以数学逻辑为线索

教师可利用数学逻辑图或思维导图,展示两角和与差公式的推导逻辑,帮助学生明确学习目标和学习路径。这种方式既具体又直观,有助于学生形成系统的知识体系。

(3)引导学生自主探究,体验数学之美

鼓励学生通过小组合作,自主推导两角和与差的正弦、余弦公式。教师可以提供一些历史上数学家的探究方法和思路,激发学生的探究兴趣。同时,教师需要监控讨论过程,确保学生能在探究中体验数学的魅力。

(4)精选例题与练习,融入数学应用

在选题时,除了注重题目的层次性和梯度性,教师还可以融入一些与日常生活或科学领域相关的应用题,让学生体会数学在解决实际问题中的价值。通过例题和练习,学生可以加深对公式的理解和应用。

（5）课堂小结，提炼数学智慧

引导学生回顾本节课的学习内容，总结公式的推导过程和应用方法。同时，教师可以分享一些历史上数学家探索这些公式时的故事和智慧，让学生感受数学文化的传承和发展。

（6）作业设计，兼顾基础与拓展

作业分为基础题和拓展题两部分。基础题旨在巩固学生对公式的理解和应用；拓展题则融入一些具有挑战性和创新性的数学问题，鼓励学生进一步探索数学的奥秘。同时，通过作业的反馈，教师可以了解学生的学习情况，及时调整教学策略。

这样的教学设计不仅可以帮助学生掌握两角和与差的正弦、余弦公式，还能让他们在学习的过程中感受数学文化的魅力，培养他们的数学素养和提高他们的综合能力。

在整个推导过程中，利用提问激发学生的思维是一个很好的策略。提问应注重启发性和层次性，既要引导学生深入思考，又要确保学生能够理解和回答。此外，培养学生的解题习惯和分类讨论思想也是非常重要的，有助于学生形成系统的思维方式和解题策略。

总的来说，教学设计应体现以学生为中心的教学理念，注重学生的主动参与和思维发展。教师应通过优化各个环节的设计和实施进一步提升教学效果，帮助学生更好地掌握知识、发展能力。

3. 生机盎然融天地，自然和谐入课堂——有机自然原则

在数学课堂教学中，数学文化的融入是一项至关重要的任务，它并非与教学内容相脱离，而是构成教学整体不可或缺的一部分。除了核心的数学知识，教学的其他要素，诸如教师的角色、教学形式的多样性以及教学过程的互动性，都蕴含着丰富的教育意义。因此，数学教师在对学生进行教育引导时，应避免生硬的说教和强加，避免以牵强附会的方式强行融入数学文化。

实际上,教师在课堂中的良好形象、学生间的和谐互动以及师生间的深入探究,都是宝贵且自然的数学文化资源。这些元素在教学过程中,如同春风化雨般潜移默化地影响着学生,不仅有助于他们深入理解数学知识,更能激发他们的学习兴趣和探索精神。

因此,教师在数学课堂上融入数学文化时,应注重其自然性和有机性。教师可以通过生动的数学故事、富有趣味性的数学案例、启发性的提问等方式,将数学文化自然而然地融入教学过程中。这样,学生不仅能够在轻松愉快的氛围中学习数学知识,更能够在潜移默化中感受数学文化的独特魅力和深远价值。

此外,数学文化的融入也需要考虑学生的个体差异和学习需求。不同的学生可能对数学文化的接受程度和兴趣点有所不同,因此,教师需要灵活调整教学策略,确保每个学生都能在数学课堂上获得丰富的学习体验和收获。

综上所述,数学文化的融入是数学课堂教学的重要一环,它应与教学内容和其他教学要素有机结合,共同构建成一个完整、和谐且富有活力的教学体系。

例如:《用二分法求方程的近似解》一节,为了巧妙设计"猜手机价格"的情景,在教学中更好地融入数学文化,并达到高效课堂的目的,我们可以按照以下步骤进行:

(1)情景引入,激发兴趣

教师可以先准备一张热门手机的图片,并告知学生该手机的价格位于某价格区间(如 2 000 元至 4 000 元)内。然后,教师提出一个挑战:谁能用最少的次数猜出这部手机的价格?这样的情景设计可以立即激发学生的兴趣,使他们主动参与到课堂活动中来。

(2)介绍二分法,揭示原理

在学生开始猜测之前,教师简要介绍二分法的原理:每次猜测时,都取价格区间的中点作为猜测值,然后根据实际情况缩小价格区间。通过这样的介绍,学生不仅能够理解二分法的基本原理,还能明白其在实际问题中的应用价值。

(3)融入数学文化,拓宽视野

在介绍二分法的过程中,教师可以穿插一些数学史的内容。例如,讲述古代数学家在求解方程时如何逐步发展出二分法这种高效的求解方法,以及二分法在数学领域的重要地位。这样的数学文化融入不仅可以拓宽学生的视野,还能使他们更加深入地理解二分法的历史背景和现实意义。

(4)分组竞猜,实践体验

将学生分成若干小组,每个小组轮流进行猜价格游戏。在猜价格的过程中,教师引导学生运用二分法的原理进行猜测,并记录下每次猜测的结果和所用的次数。通过这样的实践活动,学生可以亲身体验二分法的魅力,并加深对其原理和应用的理解。

(5)总结归纳,提升认识

在游戏结束后,教师组织学生进行总结归纳。首先,让学生分享自己在猜价格过程中的体验和感受;然后,引导学生总结二分法的优点和局限性;最后,教师可以结合学生的表现和反馈,对二分法的应用进行进一步的拓展和延伸。通过这样的总结归纳,学生可以更加全面地认识二分法,并提升对其在实际问题中应用的认识。

通过以上设计,我们可以巧妙地将猜手机价格的情景与二分法的教学相结合,并融入数学文化元素,达到高效课堂的目的。这样的教学方式不仅可以激发学生的学习兴趣和提高学生的参与度,还能帮助他们深入理解二分法的原理和应用,提升他们的数学素养和综合能力。

此教学设计由学生熟悉的情景引入,并让学生充分讨论,使学生在轻松愉悦的氛围中开始本节课的学习,以及激发学生的学习兴趣。

教师通过"问题驱动"和启发探究式的教学方法引导学生意识到精确度引入的必要性,培养了学生严谨和科学的数学观,通过探究、展示、交流,使学生养成良好的学习习惯,增强合作意识。同时,教师通过让学生自主探究、小组讨论、合作交流和总结归纳,加深学生对二分法思想的理解,培养学生观察、归纳、抽象概括等数学思维能力。

如果数学教师具有强烈的数学文化渗透意识,把生硬的知识与社会和学生的实际有机、自然地联系起来,知识就被赋予了文化色彩,并由此成为具有生命力的数学文化内容。

二、数学文化融入数学教学的途径

数学,作为自然科学的核心学科,其严谨的逻辑思维和广泛的应用价值是不言而喻的。而深入挖掘其背后的文化底蕴,将数学文化巧妙地融入教学中,不仅能丰富课堂内容,更能点燃学生的学习热情。这样的融合不仅有助于学生更深入地理解数学的精髓,还能在无形中提升他们的数学素养。更值得一提的是,这一融合过程也是推动学生思想、情感、意志和行为和谐统一发展的关键。高中数学新课标也明确强调,要根据数学学科的特点,对学生进行多方面的教育,旨在培养学生良好的学习习惯和坚韧不拔的精神品质。

教学理念是教学行为的先导,要想将数学文化更好地融入数学教学,首先要更新教学理念,树立数学文化意识。教师应认识到,数学教学不仅是知识的传授,更是文化的传承。在一系列在教学中融入数学文化的途径中,教师应注重培养学生的数学思维能力,引导他们感受数学的魅力,理解数学的应用价值。

数学文化融入数学教学的途径可谓丰富多样,它们不仅有助于激发学生的学习兴趣,更能够深化学生对数学的理解和感悟。笔者梳理了一些数学文化融入数学教学的详细的方式与渠道,它们均呈现出清晰的层次感和逻辑性。

（一）教材与教学设计层面

教材编写：教材是学生学习数学的重要载体，在编写教材时，应充分考虑数学文化的融入。教材编写可以引入各种数学文化元素的内容，让学生了解数学的发展历程和伟大数学家的贡献。同时，教材编写也可以将数学文化与现代科技、生活实例相结合，让学生在掌握数学知识的同时感受数学的应用价值。

教学设计创新：教师在进行教学设计时，可以打破传统的教学模式，将数学文化融入其中。例如，可以设置一些与数学文化相关的探究性课题，让学生在探究过程中了解数学文化的内涵和魅力。此外，教师还可以利用情境教学、案例教学等方式，让学生在具体的情境中感受数学应用的魅力。比如，在讲述球的表面积与体积的公式时，教师可以结合古代数学家的成就，特别是祖冲之与祖暅的杰出贡献，来提升学生的学习兴趣。祖暅在求解球的体积时，提出了著名的"祖暅原理"，即当两个几何体在同一高度处的截面面积始终相等时，它们的体积也必然相等。这一原理凸显了截面面积与立体高度之间的关系，对于求解复杂几何体体积具有重大意义。

值得一提的是，祖暅的这一发现，比西方数学界类似的等积原理早了1 100多年，充分展现了我国古代数学家卓越的智慧和贡献。学生了解了这些历史背景，不仅能够深化对球体体积公式的理解，更能深刻感受我国古代数学家的智慧和精神，从而增强民族自豪感。

在数学教材中，我们不难发现有许多情境图片、应用题等丰富多样的资料。在实施数学文化教育的过程中，我充分利用这些内容来融入数学文化元素。例如，当教学方向与位置时，我会向学生介绍，世界上最早的指南针是我国的司南，它是我国古代的四大发明之一。这种将文化教育融入数学教学的方式，不仅丰富了课堂内容，也使学生在学习数学知识的同时，更深入地了解和感受中华文化的博大精深。通过这种方式,我试图激发学生的爱国情怀,并为他们提供为之奋斗的动力,从而实现数学教育与文化教育的双重目标。

再如《函数的应用》一节,教师可以这样设计,以更贴近生活和环保的主题来激发学生的兴趣。

首先,从废纸回收这一环保行动切入,让学生了解废纸回收对于环保的重要性。我们知道,废纸回收不仅可以减少垃圾的产生,废纸还可以制成再生纸,实现资源的循环利用。据资料显示,每10吨废纸可以制成800千克的再生纸,同时还能避免砍伐170棵大树。

接着,引导学生思考作为个体在环保行动中可以做什么。每位学生如果每月都能回收2千克的废纸,那么一年下来,每位学生就可以积累24千克的废纸。这个数量虽然看似不大,但如果全班同学都参与进来,那么一年回收的废纸量就会变得相当可观。

这时,教师可以提出问题:我们全班同学一年回收的废纸量能否达到1吨呢? 这个问题可以激发学生进行思考和计算,让他们运用所学的函数知识来解决问题。通过计算,学生们会发现,班级人数越多,一年回收的废纸量越大,达到1吨的可能性也就越大。

然后,教师可以进一步拓展问题:假设我们班级一年的废纸回收量接近或达到1吨,那么全校30个班级一年回收的废纸总量会是多少呢? 这个问题可以引导学生运用函数的性质进行推算,得出全校一年回收废纸的总量。

最后,教师可以结合环保行动的实际效果,让学生估算出这样的回收量能避免砍伐多少棵大树。通过计算,学生可以深刻体会自己参与环保行动的实际意义和价值,从而更加积极地参与到环保行动中来。

通过这样的设计,教师可以将函数的应用与环保行动相结合,让学生在解决问题的过程中,不仅巩固所学的数学知识,还培养他们的环保意识和责任感。这样的教学方式不仅可以激发学生的学习兴趣,还能让他们在学习知识的同时,为环保事业贡献自己的一份力量。这种理性的教学方式,不仅传授了知识,还让学生在潜移默化中受到了数学文化的熏陶。

例如:《数列求和》一节,教师可以这样来设计:

在古时候,一位贫穷的人向一位富人借款,他原本以为富人会拒绝,但出乎意料的是,富人爽快地答应了。但是,富人提出了一个条件:在接下来的 30 天里,他会逐日增加借款金额,第一天借 1 万元,第二天借 2 万元,以此类推,每天都比前一天多借一万。不过,借款的同时,穷人也需要按照特定的规则还款——第一天只需还 1 分钱,第二天还 2 分钱,之后每天还款的金额都是前一天的两倍。这样,30 天后两者之间的借贷就会清零。尽管穷人觉得这样的条件看似有利,但他还是心存疑虑,担心被欺骗。那么,同学们觉得穷人该如何决策呢?让我们一起为他出谋划策吧。

注:师生合作分别给出两个和式:

$S_{30} = 1 + 2 + 3 + \cdots + 30$①

$T_{30} = 1 + 2 + 2^2 + 2^3 + \cdots + 2^{28} + 2^{29}$②

①式学生会求,对于②式,学生知道是等比数列前 n 项和的问题但不会解!

问 1:能不能用等差数列求和的方法?(不行)

问 2:怎么办?(用追问的方式引出课题)

教学内容是数学教学的核心,通过优化教学内容,挖掘数学文化价值,可以有效提升数学教学的质量。教师可以结合数学史与数学家文化、数学名题等元素,丰富教学内容,让学生在学习数学知识的同时,了解数学的发展历程和数学家的精神风貌。

(二)课堂教学与互动层面

课堂讲解:教师在课堂上可以通过生动有趣的讲解方式,将数学文化融入教学中,可以讲述数学家的故事、数学定理的发现过程等,让学生在听故事的过程中感受数学的魅力。同时,教师还可以引导学生对数学问题进行深度思考,培养他们的数学思维能力。

数学文化以其广泛的应用价值深深地渗透到我们的日常生活中,无论是衣食住行,还是科学、建筑、医学等领域,都可以看到它的身影。为了激发学生的学习兴趣,教师在数学课上可以邀请学生分享数学在他们实际生活中的作用。这样的教学方式不仅能引起学生的共鸣,还能让他们更加积极地参与到课堂学习中,从而有效达成教学目标。

互动教学:互动式教学是数学文化融入课堂的有效途径。教师可以组织学生进行小组讨论、角色扮演等活动,让学生在互动中了解数学文化。此外,教师还可以利用现代化的教学工具,如多媒体教学、网络教学等,增强课堂的互动性和趣味性。

教学方法是实现教学目标的关键手段,通过创新教学方法,在教学中融入数学文化元素,可以激发学生的学习兴趣,提高教学效果。教师可以采用探究式教学、合作式学习等方式,让学生在参与和体验中感受数学文化的魅力。

例如,在讲授"概率"一章中的"古典概型"时,教师可以设计一些有趣的概率游戏,如抛硬币、抽扑克牌等。教师可以通过游戏的方式,让学生在轻松愉快的氛围中学习概率知识,并引导他们思考概率在现实生活中的应用。同时,教师还可以引入一些与概率相关的历史典故或趣闻轶事,增加课堂的趣味性和文化性。

数学这门学科,以其独特的严谨性而著称,这一特性应始终贯穿于数学的教学过程。在讲授数学概念时,教师应运用专业、精确的数学语言进行描述,确保每一个细节都准确无误;对于数学公式的功能和作用,教师同样需要给予详尽而确切的阐释。在板书书写上,条理清晰、逻辑严密是不可或缺的,这样才能在学生心中树立严谨认真的榜样形象。

此外,在高中数学教学中,启发式教学同样具有举足轻重的地位。教师通过引导,鼓励学生亲身实践、积极探索,让他们通过自己的努力找到答案、得出结论。这样不仅能加深学生的记忆,更能培养他们自主解决问题的能力,激发他们的探索精神和开拓意识。

在当今日益激烈的社会竞争中,除了人才竞争外,品质、精神竞争同样重要。单打独斗已不再是主流,团队合作才是成功的关键。因此,在教学中,教师应有意识地强化学生的合作观念,通过小组合作的方式,让他们在实践中认识到集体和团结协作的重要性。例如,本书中提到的实验学校所采用的生本教学小组合作模式,便是一种非常实用的教学方法。通过这种模式,学生不仅能在合作中提升学习效果,更能培养他们的团队精神和协作能力,为他们未来的成长和发展奠定坚实的基础。

例如,在讲授"平面解析几何"时,教师可以引入古代建筑中的诸多几何元素,如故宫的对称美、赵州桥的拱形结构,抑或是当地一些标志性建筑结构等。通过讲解这些实例,学生可以更加直观地感受几何图形在实际生活中的应用,从而增强学习数学的兴趣和动力。比如通过高一函数概念知识的学习,学生明白了函数模型在我们生活中的广泛应用。

例如:《函数的研究性学习》一节可以这样来设计,以引导学生深入研究温度与时间之间的函数关系。

首先,教师可以引入一个实际的情境:山东淄博某天早晨六点的温度是 $-2℃$,而到了中午十二点,温度上升到了 $12℃$。在这一时间段内,教师可以假设温度是均匀变化的。

接着,教师可以提出以下问题来引导学生进行思考和研究:

温度与时间的关系:在这段时间内,温度是如何随时间变化的? 是否存在某个时刻,温度恰好为 0℃? 这些问题旨在引导学生认识到温度与时间之间存在一种函数关系,并思考这种关系如何影响温度的变化。

数学解释:我们能否从数学的角度来解释这一现象? 这个问题旨在引导学生思考如何利用数学工具来描述和解释温度与时间之间的关系。通过引导学生观察和分析,他们可以发现温度与时间之间的关系可以用一次函数来表示,而且其函数图像会呈现为一条直线。

求解具体时刻:如果能确定温度与时间之间的函数关系,那么我们能计算出温度恰好为 0℃ 的具体时刻吗? 这个问题旨在引导学生利用已知条件求出函数的解析式,并通过解方程来找到与 x 轴交点的横坐标,即温度恰好为 0℃ 的时刻。

通过这样的设计,学生可以逐步深入理解温度与时间之间的函数关系,掌握一次函数的性质和应用。同时,他们还能通过实际操作和计算,加深对函数图像与坐标轴交点、方程根之间的内在联系的认识。在整个过程中,教师还可以引导学生思考其他类似的问题,比如温度在不同时间段内的变化情况,或者不同地点的温度变化情况等。这样不仅可以拓展学生的思维,还能让他们更好地将所学知识应用到实际生活中去。

这一师生互动的实例,深入揭示了本节研究的核心内容和整体面貌。它不仅关注了知识技能的实际应用,还凸显了研究方法的重要性。该实例充分展现了方程、不等式与函数之间的紧密关联,凸显了从整体视角看问题、在系统框架内解决问题的优势与灵活性。此外,它还蕴含着数形结合、化归思想等关键的数学思想方法,体现了数学思维的深度与广度。

(三)课外拓展与活动层面

教育是一个综合性的过程,不仅包含课堂上的教学,也离不开课下的辅导与拓展。数学文化教育亦是如此,课上与课下相辅相成,共同构成完整的教育体系。课下的教育形式灵活多样,空间广阔,为实现育人目标提供了更多的可能性。例如,教师可以改变传统的作业批改方式,将简单的对错判断转化为宽松的交流体验,让作业成为师生间隐性沟通的桥梁。这种方式实践已证明其有效性,我运用并得到了良好的反馈。在此过程中,学生愿意向我敞开心扉,与我分享他们的想法和感受,使我们的教育园地变得更加丰富多彩、充满活力。

在数学教学中融入数学文化教育时,教师必须充分考虑学生的年龄特征、知识水平以及心理需求,确保教育内容与他们的成长阶段相契合。同时,教师也要遵循教学规律和学生身心发展规律,精心设计教学计划,确保教育的连贯性和系统性。通过激发学生的学习兴趣和调动他们的学习积极性,并在数学课堂上积极探索实现数学文化教育的方式,教师可以为学生的全面发展奠定坚实的基础。

学校可以定期举办数学文化节、讲座等,邀请数学专家、学者与学生交流。在举办文化节期间,学校可以开展数学竞赛、数学展览等活动,让学生在参与中感受数学文化的氛围,学校也可以通过成立数学社团或兴趣小组,为学生提供一个交流和学习的平台。社团或小组可以定期组织数学文化活动,如数学阅读、数学游戏等,让学生在轻松愉快的氛围中感受数学文化的魅力。或者学校可以引导、组织学生参与社会实践和调研活动,使学生了解数学在各个领域的应用。通过实地考察和访谈,学生可以更加深入地了解数学文化的内涵和价值。

教学环境对于学生的学习体验和教师的教学效果有重要影响。创设教学环境,营造数学文化氛围,可以让学生在潜移默化中受到数学文化的熏陶。教师可以利用教室空间、墙壁等资源,展示数学家的画像、名言警句等,打造具有数学特色的学习环境。

此外,教师还可以组织数学竞赛、数学讲座、数学展览等活动,为学生提供展示和交流的平台。通过这些活动,学生可以更加深入地了解数学文化的内涵和价值,增强对数学学科的认同感和归属感。

数学学习要求学习者具备严谨细致的品质。因此,在汲取新知识时,学生应积极思考,深入分析,并勇敢发表自己的见解。练习巩固环节,学生应仔细审题,精确计算,并谨慎验算。长此以往,不仅能培养学生做事有条不紊、严谨认真的态度,还能帮助他们形成良好的数学学习习惯。而这一切都离不开课堂上教师的正确示范以及优秀学生的榜样作用,更离不开教师对学生的严格要求。教师的示范应体现在方方面面,无论是言谈举止,还是每一个细微之处,都能彰显教师的榜样力量和影响力。因此,教师应当时刻铭记这一点,通过严谨的教学态度和健全的人格魅力,去影响和培养学生的学习习惯与处世态度,真正发挥出榜样的积极作用。

(四)跨学科融合与现代技术手段应用层面

将数学与其他学科进行融合教学,如物理、化学、生物等。教师通过跨学科的教学方式,让学生看到数学在其他学科中的应用和重要性,从而增强学生对数学的兴趣和认识。教师可以利用现代技术手段,如多媒体教学、网络教学等,将数学文化以更加生动、直观的方式呈现给学生。同时,教师还可以利用网络资源,引导学生查找和阅读与数学文化相关的资料和信息,拓宽他们的视野和知识面。

跨学科融合旨在打破学科壁垒,让数学知识与其他学科的知识相互渗透,从而使学生能够从多个角度理解数学,感受数学的应用价值。以数学与文学的融合为例,可以设计一堂关于"数学与诗歌"的课程。在这堂课中,教师可以选取一些具有数学元素的诗歌作品,如涉及对称、比例、数列等概念的诗句，引导学生欣赏诗歌的韵律美和意境美的同时，分析其中蕴含的数学原理。通过这种融合，学生不仅能够感受数学在文学中的应用，还能加深对数学知识的理解。再如在学习三角函数时，可以引入物理中的波动现象，如声波、光波等。通过分析波动现象中的振幅、频率、相位等参数与三角函数之间的关系，学生可以更加直观地理解三角函数的性质和应用。这种融合不仅有助于提高学生的数学素养，还能培养他们的跨学科思维。

利用多媒体、网络等现代技术手段，可以将数学文化以更加生动、直观的方式呈现给学生。以多媒体教学为例，教师可以利用投影仪、电脑等设备制作精美的课件和动画，将数学定理、公式的推导过程以及数学家的故事等内容以图文并茂的方式呈现给学生。这种教学方式不仅可以吸引学生的注意力，还能帮助他们更好地理解数学知识。

此外，网络技术也为数学文化融入数学教学提供了便利。教师可以利用网络平台发布教学资源、开展在线讨论和辅导等活动。学生可以随时随地通过网络获取与数学文化相关的知识和信息，与教师和其他同学进行互动交流。这种教学方式不仅拓宽了学生的学习渠道，还提高了他们的自主学习能力和协作精神。

例如，利用虚拟现实（VR）技术进行数学教学。通过 VR 技术，教师可以创建虚拟的数学实验室或数学世界，让学生在其中进行数学探索和实践。例如，在教授几何图形时，学生可以利用 VR 设备进入虚拟空间，观察并操作各种几何图形，从而更加直观地理解其性质和特点。这种教学方式不仅能够激发学生的学习兴趣和积极性，还能提高他们的空间想象能力和实践能力。

综上所述，跨学科融合与现代技术手段的应用是数学文化融入数学教学的重要途径。通过这两个层面的努力，教师可以将数学文化更加深入地融入数学教学中，使学生在掌握数学知识的同时，也能感受到数学的文化内涵和应用价值。

（五）课堂教学的评价与反思层面

教学评价是检验教学效果的重要手段，通过完善教学评价，可以更加全面地评估学生的数学学习情况。教师可以将数学文化素养纳入评价体系中，通过观察学生的课堂表现、作业完成情况、参与数学文化活动的情况等方面，综合评价学生的数学文化素养。

例如，教师可以设计一些与数学文化相关的作业题目，如让学生撰写数学史论文、设计数学文化主题的海报、手抄报等。通过这些作业，教师可以了解学生对数学文化的理解和应用能力，从而调整教学策略和方法。同时，教师还可以鼓励学生参与数学竞赛和数学文化活动，并将其成果作为评价的一部分，激发学生的积极性和创造力。

（图为数学文化手抄报）

综上所述，数学文化融入数学教学具有多层次、多角度的特点。上述方式与渠道不仅有助于激发学生的学习兴趣和积极性，更能够深化他们对数学的理解和感悟，培养他们的数学素养和创新能力。数学文化融入数学教学是一项较为复杂的系统工程，需要从教学理念、教学内容、教学方法、教学环境以及教学评价等多个方面入手，只有不断更新教学理念、优化教学内容、创新教学方法、创设教学环境和完善教学评价，及时反思和改进现有的做法，取人之长，补己之短，才能将数学文化更加扎实有效地融入数学教学中，让学生在学习数学知识的同时,感受到数学文化的魅力和价值。这不仅有助于提升学生的数学素养和综合能力,更能培养他们的创新精神和实践能力,为其未来的发展奠定坚实的基础。

三、数学文化融入数学教学的方法

数学文化融入数学教学具有极其重要的意义,不仅能够丰富数学教学的内涵,提升教学质量,还能够激发学生的学习兴趣,培养他们的数学素养和提高他们的综合能力。

首先,数学文化融入数学教学有助于增强学生学习数学的兴趣。数学常常被认为是一门枯燥无味的学科,但如果教师能够将数学史、数学故事等文化元素融入教学中,就能够使数学变得生动有趣。教师通过讲述数学家探索数学定理背后的故事,可以激发学生的好奇心和求知欲,让他们更加主动地投入数学学习中。

其次,数学文化融入数学教学有助于培养学生的数学思维和创新能力。数学文化蕴含着丰富的数学思想和方法,通过学习这些思想和方法,学生可以更好地理解和掌握数学知识,以及提升数学思维能力。同时,数学文化中的探索精神和创新精神能够激发学生的创造力,培养他们的创新意识和能力。

此外,数学文化融入数学教学还有助于提高学生的综合素质。数学文化不仅涉及数学知识本身,还涉及数学与其他学科的联系、数学在现实生活中的应用等方面。通过在教学中融入数学文化,教师可以帮助学生拓宽视野,了解数学在各个领域的重要作用,培养他们的跨学科思维和综合解决问题的能力。

最后,数学文化融入数学教学也有助于提升教师的教学水平和专业素养。教师需要不断更新自己的知识储备,了解数学文化的最新研究成果和发展动态,以便将最新的数学文化元素融入教学中。同时,教师还需要不断探索和创新教学方法和手段,以适应不同学生的需求。在这个过程中,教师的教学水平和专业素养也会得到不断提升。

综上所述,数学文化融入数学教学对于激发学生的学习兴趣、培养他们的数学思维和创新能力、提高他们的综合素质以及提升教师的教学水平和专业素养都具有重要的意义。因此,我们应该积极探索和实践数学文化融入数学教学的方法,让数学文化在数学教学中发挥更大的作用。

数学文化融入数学教学的方法可以归纳为以下几种:

1.情感诱导法

情感牵心动,诱导悟意浓。数学文化融入数学教学中的情感诱导法,其内涵在于通过深入挖掘数学文化的精髓,利用情感的力量,激发学生积极的情感,进而引导他们主动参与到数学学习中,增强数学教学的效果。

首先,情感诱导法强调数学文化与情感的融合。数学文化不仅仅是数学的历史、故事和理论,它更包含了数学的精神、思想和美感。情感诱导法通过将这些文化元素与学生的情感相结合,让学生在感受数学文化的同时,产生对数学的喜爱和兴趣,从而激发他们的学习动力。

其次,情感诱导法注重学生的情感体验。在数学教学中,教师不再是单向的知识传授者,而是学生学习过程中的引导者和陪伴者。通过设计富有情感色彩的教学活动,如数学游戏、数学竞赛、数学故事分享等,让学生在轻松愉快的氛围中学习数学,体验数学的乐趣,从而更加主动地投入到学习中。

此外,情感诱导法还强调情感与认知的相互促进。学生在积极的情感状态下,更容易产生对新知识的探索和求知欲望,进而促进数学认知的发展。同时,数学认知的提升也会增强学生的自信心和成就感,进一步激发他们的学习热情。

情感诱导法的内涵在于通过激发学生的情感共鸣,引导他们积极地投入到数学学习中,体验数学的美妙与魅力。下面是高中数学教学中的一个典型案例,以展示情感诱导法的应用。

案例:数学之美——斐波那契数列与自然界

(1)情感导入:探索自然奥秘

教师首先展示一些自然界中常见的螺旋状图案,如海螺壳、向日葵花盘等,引导学生观察并思考这些图案的共同点。接着,教师提出问题:"你们知道这些美丽的图案背后隐藏着一个数学秘密吗?"通过激发学生的好奇心和探究欲望,为后续的数学教学做好情感铺垫。

(2)数学原理揭示:斐波那契数列的奥秘

教师介绍斐波那契数列的概念和性质,包括其定义、递推关系以及在自然界中的应用。通过生动的实例和图形展示,帮助学生理解斐波那契数列与自然界中螺旋状图案的内在联系。同时,教师可以分享一些斐波那契数列在生物学、艺术等领域的应用故事,进一步激发学生的情感共鸣。

(3)实践探索:发现身边的斐波那契数列

教师组织学生进行实践探索活动,要求他们观察身边的自然物体,寻找斐波那契数列的踪迹。学生可以分组合作,利用测量工具记录数据,分析并验证自然物体中的斐波那契数列现象。这一环节旨在通过实践操作,让学生深刻体验数学与自然的紧密联系,感受数学在解决实际问题中的魅力。

(4)成果展示与交流:分享发现的喜悦

学生完成实践探索后,教师组织学生进行成果展示与交流活动。学生可以展示自己的发现,分享探索过程中的体验和感受。通过这一环节,学生可以感受到数学学习的乐趣和成就感,进一步加深对数学的理解和热爱。同时,教师还可以邀请其他学科的老师或专家对学生的成果进行点评和指导,拓宽学生的视野和思维。

(5)总结反思:感悟数学之美

在课程结束前,教师总结斐波那契数列在自然界中的应用以及数学在解决实际问题中的作用。同时,引导学生总结自己在整个过程中的收获和体会,鼓励他们继续探索数学与自然、艺术、科技等领域的交叉点,发现更多数学之美。

通过这个典型案例,我们可以看到情感诱导法在高中数学教学中的应用效果。通过激发学生的情感共鸣和探究欲望,引导他们积极投入到数学学习中,体验数学与自然、艺术、科技等的紧密联系,这样不仅提高了学生对数学学习的兴趣和动力,还提升了他们的实践能力和创新思维。

2.背景介绍法

算术皆成境,出处入笔端。背景介绍法的内涵在于通过引入与数学内容紧密相关的背景知识,帮助学生从更宽广的视角理解数学,增加数学学习的趣味性和深度。我们知道,数学教材中蕴含了我国劳动人民率先发现或计算出的众多道理与数据,这些宝贵的知识财富应当被教师充分利用并适时地传授给学生。在课堂教学中,我们可以巧妙地将数学时事作为背景,使教学内容更为宽泛且有趣。下面举一个典型的案例来具体说明背景介绍法的应用。

案例:黄金分割与美学

教学目标:理解黄金分割的概念及其在美学中的应用,感受数学与艺术的紧密联系。

教学内容:黄金分割的定义和性质;黄金分割在自然界和艺术作品中的体现。

教学步骤：

（1）导入

教师首先向学生展示一些著名的艺术作品的图片，如达·芬奇的《蒙娜丽莎》和古希腊的帕特农神庙。让学生观察这些图片，并引导他们发现其中蕴含的共性和美感。

（2）背景介绍

接着，教师介绍黄金分割的概念和历史背景。黄金分割，又称黄金比例，是一种特殊的比例关系，其比值约为 0.618。这一比例在自然界和艺术作品中广泛存在，被认为是一种美的标准。教师可以讲述黄金分割在古希腊和文艺复兴时期的应用，以及它在现代艺术和建筑中的影响。

（3）数学原理讲解

教师详细解释黄金分割的数学原理，包括其定义、性质以及计算方法。通过具体的例子和图形，帮助学生理解黄金分割的独特之处。

（4）实际应用展示

教师展示更多黄金分割在自然界和艺术作品中的应用实例，如螺旋壳、植物叶片的排列以及名画中的构图等。让学生感受到数学与艺术的紧密联系，以及黄金分割在美学中的重要作用。

（5）讨论与总结

最后，教师组织学生进行讨论，让他们分享自己对黄金分割和美学的认识。教师总结本课的重点，并强调数学在各个领域中的广泛应用和重要性。

通过这个案例，我们可以看到背景介绍法在数学教学中的实际应用。通过引入黄金分割的历史背景和美学应用，教师不仅帮助学生深入理解了黄金分割的概念和性质，还让他们感受到了数学与艺术的紧密联系，从而激发了学生的学习兴趣和热情。这种教学方法有助于培养学生的数学素养和审美能力,促进他们的全面发展。

3.思维融入法

思维融智慧,悟透显神通。高中数学教材中蕴含了丰富的辩证唯物主义观点,这要求教师要在课堂教学中敏锐地捕捉"融入点",巧妙地将这些观点融入教学中。这些"融入点"可能只是一词一句、一题一例,也可能是一个完整的教学过程。

思维融入法在于通过引导学生深入思考和探索数学问题的本质,培养他们的数学思维能力,进而提升数学学习的深度和广度。

案例:探索数列的奥秘——从等差数列到等比数列

(1)思维启发:数列的初步认识

教师首先引导学生回顾已学过的等差数列知识,通过具体例子展示等差数列的规律和性质。接着,提出问题:"如果我们改变数列的规律,将每个数都乘一个相同的常数,会得到怎样的数列呢?"通过这样的问题,激发学生的好奇心和探究欲望,引导他们思考数列的更多可能性。

(2)思维拓展:等比数列的引入与探索

当学生的好奇心被激发后,教师开始介绍等比数列的概念,并引导学生观察等比数列的特点。通过对比等差数列和等比数列,学生可以发现数列中的规律和变化,进一步拓展他们的数学思维。同时,教师可以设计一些具有挑战性的问题,如求解等比数列的通项公式、求和公式等,让学生在解决问题的过程中锻炼数学思维能力。

(3)思维深化:数列的应用与探索

为了进一步深化学生的数学思维,教师可以引导学生探索数列在实际生活中的应用。例如,可以讨论银行贷款中的复利问题,通过实际案例让学生理解等比数列在金融领域的应用。此外,教师还可以鼓励学生自行寻找数列在其他领域的应用,如物理学、生物学等,以拓展他们的视野和思维。

（4）思维交流：分享与讨论

学生完成数列的探索和应用后，教师再组织学生进行分享与讨论。学生可以展示自己的发现，分享在探索过程中的思考和收获。通过学生之间的交流及相互启发，进一步加深对数列的理解和认识。同时，教师也可以对学生的思考和发现进行点评和指导，帮助他们更好地掌握数列的知识和学习方法。

（5）思维总结：反思与提升

最后，教师引导学生进行思维总结。通过回顾整个探索过程，学生可以反思自己在思维方法、问题解决等方面存在的问题。同时，教师也可以总结数列学习的重点和难点，帮助学生巩固所学知识，并为后续学习作好铺垫。

通过这个案例，我们可以看到思维融入法在高中数学教学中的应用效果。通过引导学生深入思考和探索数列的奥秘，从而提升他们的数学思维能力，这样不仅可以加深他们对数列知识的理解和掌握程度，还可以拓宽他们的视野和思维广度，为未来的数学学习奠定坚实的基础。

案例：《数列综合应用》一节，我们这样来设计：

正方形 $ABCD$ 的边长为 1，连接这个正方形各边的中点得到一个小的正方形 $A_1B_1C_1D_1$；又连接这个小正方形各边的中点得到一个更小的正方形 $A_2B_2C_2D_2$；如此无限继续下去，求所有这些正方形的面积的和。

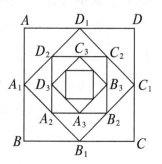

分析：设第 n 个正方形的面积为 a_n，由条件知 $a_1=1$，由题设可得到

$$A_nB_n = \sqrt{\left(\frac{A_{n-1}B_{n-1}}{2}\right)^2 + \left(\frac{B_{n-1}C_{n-1}}{2}\right)^2} = \sqrt{\frac{(A_{n-1}B_{n-1})^2}{2}} = \frac{\sqrt{2}}{2}A_{n-1}B_{n-1}$$

$(n \geqslant 2, n \in \mathbf{Z}).$

进而得到 $a_n = (A_nB_n)^2 = \frac{1}{2}(A_{n-1}B_{n-1})^2 = \frac{1}{2}a_{n-1}$,

所以,所有正方形的面积组成的数列 $\{a_n\}$ 是首项为 1,公比为 $\frac{1}{2}$ 的无穷等比数列,

故所有正方形的面积之和为 $S = \dfrac{1}{1-\dfrac{1}{2}} = 2$。

这个案例设计非常巧妙,它结合了正方形的几何特性和数列的代数性质,通过求解所有正方形的面积之和,展示了数列在实际问题中的应用。除此之外,这个案例还通过具体的计算过程,让学生深刻理解了等比数列的求和公式和无穷等比数列的求和方法。同时,此案例还培养了学生的几何直观能力和代数运算能力,提升了他们的数学素养和解决问题的能力。它充分体现了思维融入法的内涵,即通过引导学生深入思考和探索数学问题的本质,培养他们的数学思维能力,拓展数学学习的深度和广度。

4. 美感启迪法

美感浸润心灵,启迪智慧,洞察真谛。数学这门深邃且神秘的学科,展现了数的优雅、式的灵动、形的绚烂,更蕴含着对称的均衡、和谐的统一。因此,教师需独具匠心,巧妙运用符号、色彩、线条、图形等,以精练的数学语言、独到的解题方法、整洁的板书设计,将数学的外在之美与内在之美完美融合。同时,还需不失时机地加以引导,使学生在探索中感受数学的魅力,从抽象的符号中窥见美的形象,从逻辑推理中领略美的神韵,从表面的形式中品味数学蕴含的独有之美,从而沉浸在数学的美的意境之中。

案例：五星红旗的设计

五星红旗不仅代表着中华人民共和国的尊严与荣耀，更是一个完美的数学美学作品。五星红旗的设计巧妙地将数学元素融入其中，使得旗帜既具有深刻的意义，又充满了美感。

首先，从数学的角度来看，五星红旗的设计严格遵循了黄金矩形的比例原则。黄金矩形是一种具有特殊美学价值的矩形，其长宽比接近 1.618，这种比例被认为是最具美感的比例之一。五星红旗的长宽比正是 3：2，接近黄金矩形的比例，使得旗帜看起来既稳重又和谐。

其次，五星红旗上的五颗五角星也体现了数学的对称与和谐之美。大五角星位于旗帜的左上角，象征着中国共产党的领导地位，而四颗小五角星则围绕在大五角星的右侧呈半环形排列，既体现了团结的意义，又构成了一种对称的图案。这种对称不仅使旗帜看起来更加美观，也体现了数学中的对称原理。

此外，五星红旗的制作也严格按照数学原理进行。根据《中华人民共和国国旗法》的规定，制作国旗的企业必须由省、自治区和直辖市的人民政府指定，以确保国旗的制作质量和规格的统一。在制作过程中，需要精确计算每个五角星的位置和大小，以确保旗帜的图案准确无误。这种精确的计算和制作过程，再次体现了数学在实际应用中的重要性。

综上所述，数学在五星红旗的设计和制作中发挥了重要作用。通过运用数学原理和方法，我们不仅可以制作出美观大方的国旗，还可以更深入地理解和欣赏数学的美。因此，我们应该更加注重数学与实际生活的联系，让数学成为我们认识世界、改造世界的有力工具。

5.习题引申法

习题寻妙解,引申出真知。习题引申法,是一种将数学文化融入日常数学教学中的有效方法。其核心思想在于,通过对习题的深入剖析和引申,揭示其中蕴含的丰富的数学文化内涵,以此激发学生的学习热情,培养他们的数学素养和跨学科整合能力。这种方法不仅要求学生掌握解题技巧,更要求他们理解数学背后的原理、历史背景以及实际应用,从而真正领略到数学的魅力。

在习题引申法的实践中,教师通常会选择具有代表性或启发性的习题,通过引导学生对其进行多角度思考,拓宽他们的思维视野。在解题过程中,教师会注重培养学生的逻辑推理能力、问题解决能力以及跨学科应用能力,帮助他们形成对数学的全面理解。

案例:函数图像的对称性与数学美

(1)教学目标

掌握函数图像的对称性质。

了解数学美在函数图像对称性中的体现。

通过习题引申,感受数学与美学的紧密联系。

(2)教学内容

本节课以函数图像的对称性为基础,通过习题引申法,引导学生探索数学美在函数图像中的体现。

(3)教学过程

导入新课

教师首先展示几个具有对称性的函数图像(如正弦函数、余弦函数等),引导学生观察并总结它们的共同特点。学生发现这些函数图像都呈现出某种对称性,从而引出函数图像对称性的概念。

习题引申

接着,教师给出一个关于函数图像对称性的习题:

请判断函数 $y = x^3 - 3x^2$ 的图像是否关于原点对称,并说明理由。

学生利用函数图像对称性的定义进行判断,并得出结论。然后,教师进一步引申:这个函数图像虽然不具有原点对称性,但它是否具有其他类型的对称性? 如果有,请指出并证明。

学生通过讨论和思考,发现该函数图像关于点(1,—2)对称。教师引导学生通过代数方法证明这一结论,并鼓励他们尝试从几何角度理解这种对称性。

数学美的探讨

在学生对函数图像的对称性有了深入理解后,教师引导他们探讨数学美在其中的体现:

①教师提问:你们认为函数图像的对称性体现了怎样的数学美? 这种美与我们日常生活中的美有何异同?

学生思考并分享他们的观点,教师补充介绍数学美的一些基本特征,如简洁性、和谐性、对称性等。

②教师进一步引申:除了对称性,数学中还有哪些元素或结构体现了数学美? 你们能否举出一些例子?

学生结合所学知识,举出如黄金分割、斐波那契数列等体现数学美的例子,并分享它们的魅力和应用。

总结反思

最后,教师引导学生进行总结与反思:

①回顾本节课的学习过程,总结函数图像对称性的概念、性质及数学美在其中的体现。

②思考本节课的学习对自己的启发和收获,如何将这些知识和方法应用到未来的学习和生活中。

③鼓励学生在课后继续探索数学中的美学元素,培养他们对数

学的兴趣和热爱。

(4)教学反思

通过以上内容的教学,学生不仅掌握了函数图像对称性的基本概念和性质,还通过习题引申法深入探讨了数学美在其中的体现。这种方法有效地将数学文化与数学教学相结合,使学生在解题过程中感受到了数学的魅力和美感,激发了他们对数学学习的兴趣和动力。同时,也提高了学生的逻辑推理能力、问题解决能力以及跨学科整合能力,为他们的全面发展奠定了坚实的基础。

随着新课程改革的深入推进,数学文化会逐渐融入课程标准和教材课程之中,包括各种新授课、习题课、复习课、研究性学习等课程。然而,要让数学文化真正走进课堂、深入学生心中,仍需要我们付出更多的努力。值得欣慰的是,数学文化正在悄然影响着高考试题,这无疑将激发教师们更加自觉地接受数学文化的熏陶,并将其融入日常的课堂教学中。在这种潜移默化的影响下,学生们将在不知不觉中受到数学文化的滋养,从而丰富他们的心灵、完善他们的人格。

可以说,一节没有数学文化融入的数学课堂是黯然失色的,势必会阻碍我们的课堂走深走实。数学文化是数学课堂的灵魂,需要广大数学教师用这种灵魂武装自我,运用教育教学智慧,借助信息化教学工具,进一步提升教学质量。然而,如何将数学文化自然、恰当地深度融入数学课堂教学,以及如何将数学教育与数学文化教育有机结合,仍是我们面临的重要课题。这需要广大教育工作者深入探索、不断创新,以期在推动数学教育改革的同时,也为学生们提供更加丰富多彩的学习体验。

四、数学文化与数学命题取材

将浩如烟海且博大精深的数学文化有机、巧妙地融入数学命题中,确实是一项富有挑战性与创造性的工作,具有非凡的意义和价值。这不仅仅是为了增强学生数学学习的趣味性,更是为了全面提升学生的数学核心素养,深化他们对数学的理解与热爱。

1.融入数学文化能够激发学生的学习兴趣和好奇心。数学不仅仅是数字和公式的堆砌,它更是一个充满历史、故事和智慧的领域。通过引入数学家的生平事迹、数学定理的发现过程等文化元素,数学可以变得更加生动、有趣,从而吸引学生的注意力,激发他们的学习动力。

2.融入数学文化有助于培养学生的数学思维和解决问题的能力。数学文化中包含了许多深刻的数学思想和方法,这些思想和方法对于培养学生的逻辑思维、创新思维和解决问题的能力具有重要作用。通过让学生在解题过程中感受数学文化的魅力,引导他们深入思考数学问题,掌握数学方法,提高数学素养。

3.融入数学文化有助于增强学生的文化自信和民族自豪感。数学是人类文明的重要组成部分,它承载着人类智慧的结晶。通过向学生介绍中国古代的数学成就、现代数学的发展等内容,让学生更加了解数学的历史和现状,让他们认识到数学在推动社会进步和发展中的重要作用,从而增强他们的文化自信和民族自豪感。

4.融入数学文化也是推动数学教育创新的重要途径。传统的数学教育往往注重知识的传授和技能的训练,而忽略了数学文化的熏陶和感染。将数学文化融入数学命题中,可以推动数学教育从单一的知识传授向全面的素养培养转变,使数学教育更加符合时代的需求和学生的发展需要。

高中数学命题中可以融入数学文化的取材十分丰富,这为我们在教学中提供了广阔的空间和无限的创意。归纳起来有以下方法:

1.取材数学时事

数海探新知,时事入命题。数学时事,简言之,乃近期国内外数学领域之重大事件,备受媒体与公众瞩目。此类事件具有指向鲜明、时效短暂、高度聚焦的特性,命题专家们以精妙的角度从时事材料中择取出来,用简明扼要的语言描绘时事背景,进而提炼出数学模型,考查核心数学问题。

利用数学时事来命题是一种富有创意和实效性的教学方法,它可以将数学与现实世界的联系展现给学生,激发学生的学习兴趣和动力。下面结合具体的例子来说明如何利用数学时事来命题。

首先,我们可以关注数学领域的最新发现和突破。例如,当科学家发现新的数学定理或证明时,我们可以根据这些发现来设计题目。比如,近年来,关于素数分布的研究有了新的进展,科学家发现了一种新的模式。基于这一时事,我们可以设计如下的题目:"根据最新的研究成果,素数在某些特定的区间内呈现出某种分布规律。请分析这一规律,并尝试证明或反驳其有效性。"这样的题目既考查了学生对素数分布的理解,又引导他们关注数学领域的最新动态。

其次,我们可以关注数学在现实生活中的应用案例。例如,当数学在解决某个实际问题中发挥了关键作用时,我们可以根据这一案例设计题目。比如,最近,数学在密码学领域的应用取得了显著成果,一种基于数学原理的新型加密算法被提出。基于这一时事,我们可以设计如下的题目:"请了解新型加密算法的基本原理,并分析其安全性。尝试设计一个类似的加密算法,并说明其优势和局限性。"这样的题目不仅考查了学生对密码学基础知识的掌握,还锻炼了他们的创新能力和实践能力。

此外,我们还可以关注数学与其他学科的交叉融合。例如,当数学与物理学、生物学等学科产生交叉时,我们可以根据这些交叉点设计题目。比如,近年来,数学在生物信息学领域的应用越来越广泛,科学家利用数学方法分析基因序列和生物数据。基于这一时事,我们可以设计如下的题目:"请了解生物信息学中的数学方法,并尝试利用这些方法分析一组基因序列数据,提取出其中的有效信息。"这样的题目不仅考查了学生对数学方法的应用能力,还拓宽了他们的学科视野。

案例:截至 2023 年 2 月,"中国天眼"发现的脉冲星总数已经达到 740 颗以上. 被称为"中国天眼"的 500 米口径球面射电望远镜(FAST),是目前世界上口径最大、灵敏度最高的单口径射电望远镜(图 1)。观测时它可以通过 4 450 块三角形面板及 2 225 个触控器完成向抛物面的转化,此时轴截面可以看作抛物线的一部分。某学校科技小组制作了一个 FAST 模型,观测时呈口径为 4 米,高为 1 米的抛物面,则其轴截面所在的抛物线(图 2)的顶点到焦点的距离为(　　)

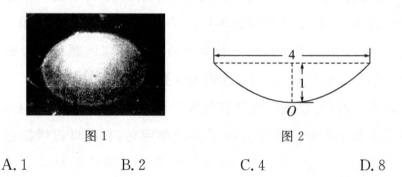

图 1　　　　　　　　　　　图 2

A. 1　　　　　　B. 2　　　　　　C. 4　　　　　　D. 8

通过以上例子,我们可以看到利用数学时事来命题的多样性和灵活性。这种命题方式不仅可以让学生了解数学领域的最新动态和应用案例,还可以激发他们的学习兴趣和动力,培养他们的创新能力和实践能力。同时,这也要求教师在平时的教学中多关注数学时事的发展,不断更新和完善自己的教学内容和方法。在命制以数学时事为素材的高考题目时,命题者需要确保题目范围广泛,既要有深度也要有广度,同时要注重题目的新颖性和趣味性,以激发考生的学习兴趣和探究欲望。当然,在追求新颖有趣的同时,命题者还需注意题干的简洁性,避免冗长的描述,以便考生能够迅速理解题目要求。此外,背景的公平性也是不可忽视的,命题者需要确保所选时事材料对所有考生都是公平、公正的,避免因为考生对时事了解程度的差异而影响其答题效果。

2.取材数学游戏

游戏乐无穷,智趣在其中。利用数学游戏的情境来命题,可以让学生在轻松愉快的氛围中学习数学,加深对知识点的理解和应用。数学游戏指的是那些在游戏中巧妙地运用了数学知识,或者蕴含着深刻数学原理的智力挑战。这些数学游戏不仅能够锻炼我们的思维能力,还能够让我们在轻松愉快的氛围中感受到数学的魅力。

案例:数学宝藏岛大冒险

在一个神秘的数学宝藏岛上,隐藏着许多数学谜题和宝藏。玩家需要利用所学的数学知识解开谜题,找到宝藏的位置。每个谜题都对应一个高三数学的重要知识点,解开谜题的过程就是对这些知识点的应用和实践。

命题1:你来到一个由数列构成的迷宫,需要找到数列的规律,才能找到通往宝藏的线索。数列如下:$1,2,4,7,11,16,\cdots$,请写出这个数列的通项公式,并求出第100项的值。

这个谜题考查了学生对数列规律的理解和对通项公式的应用能力。通过解决这个谜题,学生不仅能够加深对数列知识点的理解,还能体验到数学在解决实际问题中的应用。

命题2:你来到一个宝藏点,但这里有一个机关需要解开。机关是一个转盘,上面标有1到10的数字。你需要转动转盘两次,如果两次转到的数字之和为奇数,则机关解开,你可以获得宝藏;否则,你将无法获得宝藏。请计算你获得宝藏的概率。

这个谜题考查了学生对古典概型知识的理解和计算能力。通过解决这个谜题,学生可以加深对概率知识点的理解,并学会运用概率知识解决实际问题。

通过数学宝藏岛大冒险的游戏情境,我们可以将数学中的数列、几何、概率等知识点融入其中,让学生在解谜的过程中学习和应用数学知识。这种命题方式不仅能够提高学生的学习兴趣和积极性,还能培养他们的逻辑思维能力和解决问题的能力。

近年来,将数学游戏改编为高考试题的趋势愈发明显。这种创新性的命题方式,既保留了数学的严谨性和科学性,又增加了考题的趣味性和吸引力。考生们在解答这些题目时,不仅能够展现出他们的数学素养和解题能力,还能够享受到解题过程中的乐趣和成就感。

案例:九连环是中国传统民间智力玩具,以金属丝精心制成 9 个圆环,解开九连环共需 256 步,每一步都是解下或套上一个环,解下与套上的过程互为逆操作。在把玩九连环时,需遵循特定程序反复操作,才能将九个环全部从框架上解下或全部套上,展现出其独特的魅力。

命题:将第 n 个圆环解下最少需要移动的次数记为 a_n($n \leqslant 9$,$n \in \mathbf{N}^*$),已知 $a_1 = 1$,$a_2 = 1$,按规则有 $a_n = a_{n-1} + 2a_{n-2} + 1$($n \geqslant 3$,$n \in \mathbf{N}^*$),则解下第 4 个圆环最少需要移动的次数为 _____。

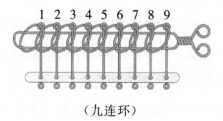

(九连环)

这种命题方式充分体现了素质教育与大众数学的理念。它告诉我们,数学并不是枯燥无味的,而是可以变得生动有趣的。通过数学游戏,我们可以让更多的人爱上数学,让数学成为他们生活中不可或缺的一部分。因此,我们应该继续探索和创新,将更多的数学游戏融入教学和考试中,让数学变得更加好玩、更加有趣。

3.取材数学家

数学先贤入命题,智慧之光映今朝。数学,这门深邃而博大的学科,是人类集体智慧的璀璨结晶。它的演进历程,离不开众多为我们所熟知、或稍显陌生的面孔。他们怀揣着满腔的热情,将自己的一生都奉献给了这座宏伟的数学大厦,为它的建设添砖加瓦。正如英国政府曾对牛顿的赞誉那样,我们也应该为这些伟大的人类荣耀者欢呼,感谢他们曾经来过,为我们留下了如此宝贵的财富。

在《新课标》中,对数学课程的要求明确指出:"数学课程应适当反映数学的历史,展现数学家的创新精神。"这恰恰体现了数学与数学家之间的紧密联系。从某种意义上来说,数学史其实就是数学家的历史,是他们用智慧和汗水书写的一部部壮丽篇章。而数学家的创新精神,正是数学精神的核心所在。

以数学家的情境来命题,可以帮助学生更深入地理解数学概念,激发他们对数学的兴趣。

案例:艾萨克·牛顿是英国皇家学会会长,著名物理学家,他在数学上也有杰出贡献。牛顿用"作切线"的方法求函数 $f(x)$ 的零点时给出一个数列 $\{x_n\}$:$x_{n+1}=x_n-\dfrac{f(x_n)}{f'(x_n)}$。我们把该数列称为牛顿数列。如果函数 $f(x)=ax^2+bx+c(a>0)$ 有两个零点 1 和 2,数列 $\{x_n\}$ 为牛顿数列。设 $a_n=\ln\dfrac{x_n-2}{x_n-1}$,已知 $a_1=1,x_n>2,\{a_n\}$ 的前 n 项和为 S_n,则 $S_{2\,023}=$ _____。

案例:杨辉三角形,一个富有传奇色彩的数学图案,又以其别名帕斯卡三角形、贾宪三角形和海亚姆三角形广为人知。其独特的三角形排列形式,使得它在数学领域里占有一席之地。这个三角形的命名充满历史感,南宋数学家杨辉在其著作《详解九章算法》中首次提及,并注明是引自贾宪的《释锁算书》,因此得名贾宪三角形。

值得注意的是,古代波斯数学家欧玛尔·海亚姆也曾对这一三角形有过深入的描述,为这一三角形增添了一份异国文化的色彩。在欧洲,法国数学家布莱兹·帕斯卡在 1653 年写的《算术三角形》中首次完整论述了这一三角形,使得它又在欧洲数学界得到了广泛的关注和研究,因此,这一三角形在欧洲也常被称作帕斯卡三角形。

杨辉三角形不仅在数学领域有着重要的应用,更以其独特的形态和深厚的文化内涵,成为连接古今、贯通中西的数学瑰宝。

命题 1:构建前 n 行的杨辉三角形,并解释每一行数字的意义和它们之间的关系。在杨辉三角形中,第 n 行的第 m 个数是多少?请用组合数的知识回答。

命题 2:一个密码由 4 个数字组成,每个数字可以是 0~9 之间的任意一个。请问一共有多少种不同的密码组合?假设一个彩票的中奖号码是由 6 个不重复的数字组成,从 0~9 中选取。请问买一张彩票中奖的概率是多少?

以上命题不仅结合了数学家的情境和他们的研究成果,还融入了排列组合的实际应用,使学生能够在理解概念的基础上,运用所学知识解决实际问题。同时,这样的命题也能激发学生的学习兴趣和探究欲望,提升他们的数学素养和解决问题的能力。

4. 取材数学名著

名著蕴智慧,命题见真章。数学名著,狭义上而言,是指那些在数学领域具有特殊意义、受到广泛认可的经典著作。而从广义上来看,它也包括与数学紧密相关的其他杰出作品,比如数学家的传记、数学演讲报告和数学讲义等。这些著作不仅是知识的宝库,更是命制考题的好素材。

　　近年来,湖北卷高考数学试题中,就有一些题目是从这些名著中汲取灵感,选取与数学相关的素材来设计的。它们巧妙地融入了所要考查的数学知识,不仅注重考查学生的数学能力,还着重培养学生的数学素养。

　　案例:中国古代数学家很早就对空间几何体进行了系统的研究,中国传世数学著作《九章算术》卷五"商功"主要讲述了以立体问题为主的各种几何体体积的计算公式.例如在推导正四棱台(古人称方台)体积公式时,将正四棱台切割成九部分进行求解(图1为俯视图,图2为立体切面图)。

　　命题:E 对应的是正四棱台中间位置的长方体;B、D、H、F 对应四个三棱柱,A、C、I、G 对应四个四棱锥,若这四个三棱柱的体积之和为12,四个四棱锥的体积之和为4,则该正四棱台的体积为_____。

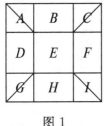
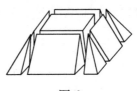

图1　　　　　　　　　　　图2

　　案例:欧几里得在《几何原本》中证明了算术基本定理:任何一个大于1的自然数 N,可以唯一分解成有限个素数的乘积,如果不考虑这些素数在乘积中的顺序,那么这个乘积形式是唯一的。记 $N = p_1^{a_1} \cdot p_2^{a_2} \cdots p_k^{a_k}$(其中 p_i 是素数,a_i 是正整数,$1 \leqslant i \leqslant k$,$p_1 < p_2 < \cdots < p_k$),这样的分解称为自然数 N 的标准素数分解式。

　　命题:若 N 的标准素数分解式为 $N = p_1^{a_1} \cdot p_2^{a_2} \cdots p_k^{a_k}$,则 N 的正因子有 $(a_1+1)(a_2+1)\cdots(a_k+1)$ 个,根据以上信息,180 的正因子个数为_____。

　　这样的命题方式,不仅是对数学名著的一种传承和弘扬,也是对数学文化的一种推广和普及。它让数学不再是枯燥无味的数字和公式,而是与人们的日常生活、文化传承紧密相连的有趣学科。

5.取材数学名题

数学名题启智思,融入命题促良才。数学名题,如同音乐、绘画、雕塑和建筑等艺术形式,都是人类文化的璀璨瑰宝,散发出独特的魅力。它们不仅蕴含着丰富的数学内涵,还展示了经典的数学方法,更与一些杰出的数学大师紧密相连。数学名题的价值不仅在于其学术意义,更在于它们能够跨越时空,成为后人不断研究、探索的宝贵资源。

案例:欧拉函数 $\varphi(n)(n \in \mathbf{N}_+)$ 的函数值等于所有不超过 n,且与 n 互素(两个数的最大公约数为 1)的正整数的个数,例如 $\varphi(1)=1$,$\varphi(4)=2$。欧拉函数具有以下性质:如果 m,n 是互素的正整数,那么 $\varphi(mn)=\varphi(m) \cdot \varphi(n)$。

命题:请判断下列说法是否正确。

(1) $\varphi(40)=16$ (   )

(2) 若 n 为素数,则 $\varphi(n)=n-1$ (   )

(3) 若 n 为奇数,则 $\varphi(2n)=2\varphi(n)$ (   )

(4) 若 $n \in \mathbf{N}_+$,则 $\varphi(2^n)=2^{n-1}$ (   )

案例:17 世纪,法国数学家马林·梅森在欧几里得、费马等人研究的基础上,对 2^p-1(p 为素数)型的数做了大量的研算,他在著作《物理数学随感》中断言:在 $p \leqslant 257$ 的素数中,当 $p=2,3,5,7,13,17,19,31,67,127,257$ 时,2^p-1 是素数,其他都是合数。除了 $p=67$ 和 $p=257$ 两个数被后人证明不是素数外,其余都已被证实。人们为了纪念梅森在 2^p-1 型素数研究中所做的开创性工作,就把 2^p-1 型的素数称为"梅森素数",记为 $Mp=2^p-1$。

命题:几千年来,人类仅发现 51 个梅森素数,由于这种素数珍奇而迷人,因此被人们誉为"数海明珠"。已知第 7 个梅森素数 $M19=$ $2^{19}-1$,第 8 个梅森素数 $M31=2^{31}-1$,则 $\lg\dfrac{1+M31}{1+M19}$ 约等于 _____。

(参考数据:$\lg 5\approx0.7$)

在高考数学命题中,数学名题犹如一座可持续开采的富矿,为命题者提供了无尽的灵感与创意。通过对数学名题的深入挖掘和巧妙运用,可以命制出既考查学生基础知识,又考查其思维能力和创新精神的优质试题。这样的试题不仅能够检验学生的学习成果,更能够激发他们的学习兴趣和求知欲,引领他们走向更加广阔的数学天地。

因此,我们应该珍视数学名题这一宝贵的文化资源,将其充分利用到教学和命题中,让更多的人领略到数学的魅力和价值。

6.取材数学猜想

猜想启智慧,命题藏玄奥。数学猜想,作为数学领域中的一股强大推动力,始终扮演着引领数学前进的重要角色。它不仅是数学发展中最具活力、最积极、最主动的元素,更是人类理性思维中极富创造力的部分。这份魔力般的吸引力,使得无数数学家为之奋斗终身,无怨无悔。

数学猜想的价值在于其深远的影响力。一旦某个数学猜想被证实,它便会华丽转身,成为数学定理的一部分,融入庞大的数学理论体系之中,为数学理论增添新的光彩。即便某个猜想最终被否定或无法被证实,它也常常能为数学领域带来意想不到的收获和启示。

正因为数学猜想具有如此丰富的内涵和深远的意义,它才成为命制数学考题的上佳素材。这些猜想蕴含着丰富的数学知识和思想方法,能够有效地考查考生的数学素养和解题能力。同时,通过研究和解决这些猜想,考生还能培养锲而不舍的钻研精神和科学态度,为未来的数学学习和研究奠定坚实的基础。

总之,数学猜想不仅是数学发展的重要推动力,也是培养数学人才、推动数学教育进步的重要资源。我们应该充分重视数学猜想的研究和应用,发挥其在数学教育和人才培养中的积极作用。

7.取材数学图形

数学天地宽,数形不分离。随着科技的日新月异和生活节奏的不断加快,我们逐渐步入了一个思维读图的新时代。在这个时代里,一幅精心设计的图形往往能够超越千言万语,传递出丰富而深刻的信息。它们不仅直观形象、生动绚丽,更能展现出数学这门学科的独特魅力。图形,作为数学的重要组成部分,扮演着不可或缺的角色。

案例:我国古代数学家赵爽用弦图给出了勾股定理的证明。弦图是由四个全等的直角三角形和中间的一个小正方形拼成的一个大正方形(如图所示)。

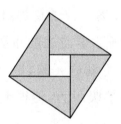

命题:若直角三角形直角边的长分别为 3,4,记大正方形的面积为 S_1,小正方形的面积为 S_2,则 $\dfrac{S_1}{S_2} =$ _____.

华罗庚先生曾深刻指出:"数缺形时少直观,形少数时难入微;数形结合百般好,隔裂分家万事休。"这句话恰恰道出了图形在数学中的重要地位。当数与形相结合时,我们能够更加深入地理解数学的本质和内涵。反之,如果数与形被孤立开来,那么数学的研究和应用就会受到极大的限制。

因此,在高考试卷中,我们经常会看到那些既是试题必需,又能体现数学文化,甚至富有诗意的数学图形。这些图形语言,犹如数学文化中的一块瑰宝,闪烁着智慧的光芒。它们不仅考验着学生的数学知识和解题能力,更在无形中培养了他们的识图能力和审美能力。通过这些题目,学生不仅能够感受到数学的严谨与逻辑,更能领略到数学图形所蕴含的艺术内涵和审美价值。这种命题方式不仅有效地考查了学生的数学素养,更为他们打开了一扇通往数学美学的大门。

8. 取材数学符号

符号表本真,抽象有化身。伽利略曾言:"大自然这本书,是以数学语言精心撰写的。"在这门语言中,最具特色的"文字"莫过于数学符号。这些符号,简洁而深刻,精准而直白,它们承载着数学的概念、运算、关系和推理,是数学思维过程的精炼表达。正因如此,数学符号能够简洁明了地揭示数学对象的本质,使人们在探索数学世界的道路上更加得心应手。

数学符号,如同颗颗璀璨的明珠,镶嵌在数学文化的璀璨殿堂之上。它们不仅是数学表达的基石,更是数学思维的灵魂。每一个符号背后,都蕴含着深厚的数学思想和智慧。它们见证了数学的发展历程,也推动着数学的不断前进。

在数学的世界里,符号是沟通的桥梁,是思维的工具。它们让复杂的数学问题变得简洁明了,让抽象的数学概念变得具象可感。正是这些符号,让数学成为一门既严谨又富有创造力的学科,吸引着无数人去探索、去研究、去创新。只有这样,我们才能更好地运用数学符号,去揭示数学对象的本质,去推动数学的发展,去创造更加美好的未来。

9. 取材数学思想方法

思想方法来命题,思维大道照古今。数学思想方法作为数学知识的核心与灵魂,其重要性不言而喻。掌握这些思想方法,不仅对于我们在学术领域内的深入研究至关重要，更能在我们日常生活中发挥巨大的作用，帮助我们更好地分析和解决问题。

日本数学教育家米山国藏曾深刻指出："学生在学校接受的数学知识，在步入社会后往往因缺乏实际应用场景而逐渐被遗忘。然而，那些真正融入我们思维的数学精神、思维方法、研究方法、推理方式以及独特的视角，却会在我们人生的各个阶段持续发挥作用，成为我们受益终身的宝贵财富。"

这些数学思想方法，如同指南针一般，引导我们在复杂纷繁的现实世界中寻找方向，解决问题。它们不仅可以帮助我们更深入地理解世界运行的规律，更能激发我们的创新精神，提升我们的逻辑思维能力。

因此，我们应该重视数学思想方法的学习与掌握，将其融入我们的日常生活中，使其成为我们思考问题、解决问题的有力工具。这样，无论我们身处何种环境，面临何种挑战，都能凭借这些思想方法找到解决问题的途径，实现个人和社会的共同进步。

案例：甲、乙、丙三位同学被问到是否去过 A,B,C 三个城市时，甲说：我去过的城市比乙多，但没去过 B 城市；乙说：我没去过 C 城市；丙说：我们三人去过同一个城市。由此可判断乙去过的城市为（　　）。

教育部考试中心的数学命题专家对这道题目给出了高度评价，他们指出，这道题目没有固定的公式、原理和运算要求，主要考查的是考生的推理能力。重点不在于机械的记忆和应用公式，而是真正理解和掌握数学的思想方法和精神实质。只有深入领悟数学的精髓，所学的数学知识才不会变成僵化的教条，才能够在现实生活中发挥巨大的作用。

在学习数学知识的过程中,我们形成的言之有理、论证有据的理性思维,是面对现实世界各种问题时的有力武器。这种思维方式能够让我们更加清晰地认识问题,找到问题的根源,提出有效的解决方案。

苏联教育家加里宁曾言:"数学,是锻炼思维的体操。"基于数学思想方法的高考题目,旨在引导考生深入探索数学的普适原理,这些原理不仅在数学领域有广泛应用,同样适用于多种实际场景。通过学习,考生能够真正领悟数学的精髓,为未来的学术与职业道路奠定坚实的基础。

再如,2013年高考上海卷理科第16题与文科第17题,分别以"便宜没好货"与"好货不便宜"的民间俗语为命题素材,着重考查逻辑推理能力;2002年上海卷文科第9题与2014年北京卷文科第14题,则以"工序问题"为背景,检验考生的统筹能力。这些考题着力体现了"数学在形成人类理性思维和促进个人智力发展的过程中发挥着独特的、不可替代的作用"。

近年来,高考数学中融入了愈加丰富的数学文化元素,为高考数学改革的推进增添了一抹亮丽的文化色彩。越来越多的老师在备考过程中,将融入数学文化的题目作为专题或微专题进行深入研究,从中总结出了一些有章可循的命题规律。这一举措不仅提升了学生对数学文化的认知,也丰富了数学教学的内涵,使数学不再是枯燥的数字和公式,而是充满魅力和深度的文化学科。

数列中的数学文化问题常围绕"十二平均律""宝塔点灯""女子织布"等经典情境展开,旨在强调数学的实用性和应用价值。通过算法和算理,我们可以建立数列模型,将问题转化为等差或等比数列的形式,并运用方程思想进行基本的数列计算。

在立体几何中,数学文化问题则常常以我国古代对球体、圆柱、圆锥和圆台体积公式的发现,以及"牟合方盖""阳马""鳖臑"等特色几何名词为背景,考查空间几何体的体积和表面积等相关知识。

至于概率领域,数学文化问题则多以"田忌赛马""卖油翁"等富含中国古典色彩的史实,或"太极图""赵爽弦图"等特色元素为背景设计考题,考查古典概型和几何概型的转化与求解能力。这些考题不仅体现了数学文化的深厚底蕴,也展现了数学在解决实际问题中的独特魅力。

综上所述,数学文化问题贯穿于数学的各个分支领域,不仅体现了数学的历史和文化底蕴,也展示了数学在解决实际问题中的广泛应用。通过学习和掌握这些数学文化问题,考生不仅能够深入理解数学的本质和精髓,还能够提升数学应用能力和解决实际问题的能力。

第六章　数学文化融入高中数学教学的案例研究

一、新授课课例设计

在高中数学新授课上融入数学文化,不仅能提升学生的学习兴趣,更能加深他们对数学概念、原理的理解与热爱。教师要深入挖掘数学文化中的丰富内涵,选择与学生认知水平相契合的内容。可以从数学史与数学家、数学应用文化、数学审美等多个角度入手,让学生感受到数学的魅力。在授课过程中,教师要将数学文化内容巧妙地融入课堂教学,使其成为教学的一部分。可以在课堂导入环节引入数学文化元素,激发学生的学习兴趣;在知识点讲解时穿插数学家的故事或数学趣题,帮助学生更好地理解数学概念和原理;在课后拓展环节布置与数学文化相关的作业或活动,让学生进一步感受数学文化的魅力。

数学文化不仅仅是数学史与数学家文化,更重要的是其中蕴含的数学思想方法。教师在融入数学文化时,要注重渗透数学思想,引导学生体会数学思维的独特性和优越性。例如,在讲解数列时,可以引入斐波那契数列的概念,让学生感受数列的递推关系和数学审美;在讲解几何图形时,可以介绍欧几里得几何和非欧几里得几何的不同之处,让学生理解数学中的公理化方法和创新思维。

为了让学生更好地感受数学文化的魅力,教师可以采用多样化的教学方法。例如,可以利用多媒体教学资源展示数学家的肖像、数学公式和几何图形等,增强学生的视觉感受;可以组织学生进行小组讨论或角色扮演等活动,让学生在互动中深入理解数学文化;还可以邀请数学领域的专家或学者来校举办讲座或交流,让学生接触到更广阔的数学世界。

在融入数学文化的过程中,教师要时刻关注学生的情感体验,让学生在感受数学魅力的同时,也能体验到学习的乐趣和成就感。可以通过设置适当的挑战性问题或任务,激发学生的探究欲望和创造力;可以在课堂上给予学生充分的展示和交流机会,让他们分享自己的学习成果和感悟;还可以在学习评价中注重对学生的鼓励和肯定,让他们更加自信地面对数学学习。

要在高中数学新授课上有机融入数学文化并做到成功精彩,教师需要精心策划、巧妙融入、注重渗透、采用多样化教学方法并关注学生的情感体验。只有这样,才能让学生在轻松愉快的氛围中感受到数学的魅力与智慧,从而更加热爱数学学科。

新授课设计案例1:

《伯努利试验与二项分布》教学设计

摘要:数学,作为培养学生掌握数学知识与思维、形成数学能力与品质的关键学科,其教学中融入数学文化至关重要。这种融入主要贯穿于知识生成、讨论交流、合作探究及习题演算等教学活动之中,尤其强调逻辑推理、实践反思、数学审美与道德品质的和谐统一。在本节课中,我们特别通过建构概率模型的方式,引导学生主动在日常生活中、社会活动中发现数学问题,并灵活运用数学知识,从而培养他们的数学品质,提升生活智慧,进而形成适应终身发展的数学核心素养。我们还通过拓展数学文化内容,使学生更深入地了解伯努利试验与二项分布在数学史上的重要地位与卓越贡献,从而深刻感受数学的魅力与美感。这样的教学安排不仅有助于提升学生的数学素养,更能够激发他们的学习兴趣,为他们的全面发展奠定坚实的基础。

（一）内容简析

《伯努利试验与二项分布》是"人教版"高中数学教科书"选择性必修第三册"中的第七章第 4 节的内容。本节课的目标在于进一步拓展学生对概率和统计的认知深度。学生已经具备等可能事件概率、互斥事件概率、条件概率、相互独立事件概率的计算能力以及分布列的相关知识储备。而伯努利试验与二项分布，作为重要的概率模型，尤其在产品数量巨大时，可近似视为二项分布，其实际应用价值尤为突出。在自然界和社会生活中，众多随机变量都服从或近似服从二项分布，这不仅展现了其在实践中的广泛应用，也在理论上具有深刻意义。

本小节内容不仅是对前面所学知识的综合运用，更是一次模型构建的实践过程。它鼓励学生从实际情境出发，通过抽象思维构建数学模型，进而深入理解数学理论，并将其灵活应用于实际问题中。这样的学习过程将对学生未来的数学及相关学科学习产生积极而深远的影响，有助于培养他们的逻辑思维能力和解决实际问题的能力。

（二）目标定位

1. 学生应深入理解 n 重伯努利试验和二项分布模型的基本概念，并能将理论知识应用于解答简单的实际问题。此外，他们还需具备判断具体问题是否服从二项分布的能力，从而培养他们的自主学习能力、数学建模能力，并使其能够妥善解决与二项分布相关的实际问题。

2. 通过鼓励学生主动探究、自主合作与相互交流，引导他们从具体实例中提炼数学概念，使学生深刻体会知识的发现过程。这一过程中，学生将学会运用由特殊到一般、由具体到抽象的数学思想方法。同时，他们还应具备进行与伯努利试验模型及二项分布相关的概率计算的能力。

3.在教学过程中,要使学生深刻体会到数学的理性与严谨性,理解数学源于实际、服务于实际的唯物主义思想。通过培养学生对新知识的科学态度,激发他们的探索精神和创新精神。此外,还应让学生感悟数学与生活的和谐之美,体现数学的文化功能与人文价值,从而更加热爱和尊重数学这门学科。

4.教学重点:伯努利试验、二项分布的理解及应用二项分布模型解决一些简单的实际问题。

5.教学难点:二项分布模型的构建与应用。

(三)方法阐释

1.教法阐释

李华同学是我校篮球队的一名主力队员,在前不久我校组织的篮球赛上为我班夺得冠军立下了汗马功劳,但他的数学成绩一直都不太理想。我希望借助本节课对他进行人文关爱,围绕李华同学的投球技术,即"李华投篮"问题,展开对本节课的学习,并进行深入探讨。一方面,我想通过这种方式来提高李华同学对数学学习的兴趣,让他感到集体对他的关爱与期望;另一方面,由同学们感兴趣的"李华投篮"事例引出本节课,并贯穿本节课的始终,可以极大调动全体同学参与数学课堂的积极性。由此,本节课主要采取"自主探究式"的教学方法,以学生的自主学习为中心,给学生提供尽可能多的思考、探索、发现、想象、创新的时间和空间。

2.学法阐释

自主性与能动性是人类潜能中的核心与最高层次,是驱动个体成长与发展的关键力量。教育只有在充分尊重并激发学生的主体性的基础上,才能有效唤醒他们的主体意识,进而培育出坚韧的主体精神和独特的主体人格。在现代教学论中,"主体"参与被视为一个至关重要的要素,它强调学生在学习过程中的主动参与和积极构建。

考虑到我班学生的认知结构和对预备知识的掌握情况,他们已具备自主学习和主动构建新知识的能力。在老师的引导下,学生能够通过观察、发现、自主探究、合作交流等方式,从特殊到一般,从感性到理性,逐步建构起新的知识体系。这一过程不仅提升了学生的自主学习能力,也锻炼了他们的思维能力和创新精神。

(四)教学流程

环节一:俗语导入,回顾衔接知识

俗话说:三个臭皮匠,赛过诸葛亮。

我们这节课尝试从概率角度来分析以上俗语是否成立。

复习回顾:1.互斥事件　2.条件概率　3.独立事件

【设计意图】俗语开篇,为教学增添趣味性,引人入胜。依据最近发展区理论,我们应精准定位学生的现有与潜在发展水平,实现最大化教学的教育效能。回顾旧知,旨在夯实基础,为新课学习筑牢知识之基,实现"温故知新"的教学目的。从数学文化的视角看,这不仅是知识的传递,更是对数学历史与文化的传承与发扬。

环节二:实例归纳,形成核心概念

创设情境:数学史话引入,讲述约翰·伯努利生平及其在数学领域的贡献,特别是与伯努利试验和二项分布相关的历史背景。通过数学史话,激发学生对数学文化的兴趣,为后续内容做铺垫。学生聆听故事,感受数学家的风采,对伯努利试验和二项分布产生初步认识。

在研究随机现象时,经常需要在相同的条件下重复做大量试验来发现规律。例如"李华投篮"问题的规律,需要做大量的投球试验。

显然,在 n 次重复投球的过程中,各次投球的结果都不会受其他试验结果的影响,即

$$P(A_1A_2\cdots A_n)=P(A_1)P(A_2)\cdots P(A_n).$$ 其中 $A_i(i=1,2,\cdots,n)$

是第 i 次试验的结果。

一般地,在相同条件下重复做的 n 次试验称为 n 重伯努利试验。在 n 重伯努利试验中,"在相同条件下"等价于各次试验的结果不会受其他试验结果的影响。(教师在此处应重点分析伯努利试验的概念)

【设计意图】通过精心设计的"李华投篮"试验,我们引领学生独立思考、相互讨论与合作交流,从实践中共同提炼出核心特征。这一过程如行云流水,完美展现了数学的深邃与魅力。学生在具体实例的引领下,逐步抽丝剥茧,领悟伯努利试验的精髓,体验了探索与发现的乐趣,从而顺利达成首个教学目标。在此过程中,学生不仅深入理解了伯努利试验的内涵,更在探索中锻炼了观察、分析、总结与归纳的能力。此刻,他们的求知欲如同熊熊燃烧的火焰,注意力高度凝聚,满怀热忱地迎接下一个挑战。从数学文化的视角来看,这一教学实践不仅是一次知识的传递,更是一次数学文化的传承与弘扬。它让学生在体验中感受到数学的博大精深,领悟到数学与生活的紧密联系。同时也培养了他们的逻辑思维能力和创新精神,为他们的未来发展注入了强大的动力。

环节三:探索概率,建构分布模型

问题1:若李华的投篮概率为0.8,则他第1次、第2次、第3次…第 n 次命中的概率是多少?

问题 2:若李华的投篮概率为 0.8,则他投篮 2 次,命中 1 次的概率是多少?

问题 3:若李华的投篮概率为 0.8,则他投篮 3 次,命中 2 次的概率是多少?

问题 4:若李华的投篮概率为 0.8,则他投篮 4 次,命中 2 次的概率是多少?

问题 5:一般地,他投篮 n 次,恰好投中 k 次的概率是多少?

接下来,通过多媒体为学生提供几个与伯努利试验和二项分布相关的数学文化实际问题,如概率论在赌博问题中的应用、生物统计中的基因遗传问题等,引导学生分析并求解。分组讨论,分析问题,运用二项分布的方法求解,并展示成果。

【设计意图】从 2 次到 3 次,从 3 次到 4 次,再由 3 次跃升至 n 次($n \in \mathbf{N}^*$),我们精心设计的教学梯度,恰似数学之道的层层递进,有助于学生形成良好的思维习惯。这样的教学布局,使学生得以深入体会由特殊到一般的归纳思想,感受知识由浅入深的升华过程,品味探索的喜悦,进而点燃内心潜在的学习热情。

我们紧扣本节课教学内容的主题与重点,不仅关注知识的传递,更重视数学文化的熏陶。这样的教学设计,不仅有利于知识的迁移与应用,更能使学生深刻认识到数学与实际的紧密联系,明确数学来源于生活,服务于生活。在探索数学奥秘的过程中,学生不仅能够感受到数学的魅力,更能够体验到数学文化的博大精深,为他们的全面发展奠定坚实的基础。

环节四:掌握规律,精讲精练结合

例1 某射手每次射击击中目标的概率是0.8。求这名射手在10次射击中,

(1)恰有8次击中目标的概率;

(2)至少有8次击中目标的概率。

例2 在图书室中只存放技术书和数学书,任一读者借技术书的概率为0.2,而借数学书的概率为0.8,设每人只借一本,有5名读者依次借书,求至多有2人借数学书的概率。

例3 甲、乙两队参加乒乓球团体比赛,规定5局3胜制(即5局内谁先赢3局就算谁胜出并停止比赛)。现已知甲、乙两队每比赛一局,甲队获胜的概率为$\frac{2}{3}$,乙队获胜的概率为$\frac{1}{3}$,且每局比赛的胜负是相互独立的。

问:(1)试求甲打完5局才能取胜的概率;

(2)按比赛规则甲获胜的概率;

(3)若前两局甲、乙各胜一局,求最终甲获胜的概率;

(4)求甲、乙打4局就结束比赛的概率;

(5)求比赛结束时比赛局数的分布列。

【设计意图】精选紧扣教学目标的例题,旨在引导学生回顾与巩固二项分布的基本概念,并深入探索如何将其应用于实际情境。通过这些例题,学生能够将本节课所学的抽象知识具体化,实现从理论到实践的跨越,深刻体会数学源于生活、服务于生活的真谛。特别值得一提的是,我们巧妙地借助例3进行一题多问的设计,使得问题层层递进、步步为营。这不仅锻炼了学生数学思维的灵活性和发散性,

更激发了他们的创造性思维,使他们在解决问题的过程中不断挑战自我、超越自我。而俗语问题的成功解决,更是让学生深刻体会到了俗语的哲学内涵。在这一过程中,他们不仅掌握了数学知识,更增强了"合作才能共赢"的思想理念。这种数学与文化的交融,使得数学学习变得更加生动有趣、富有内涵,为学生今后的数学之旅注入了更多的动力与激情。

环节五:当堂自测,及时评价反馈

题目 1:某射手射击一次,击中目标的概率是 0.9,他连续射击 3 次,且他各次射击是否击中目标之间没有影响,有下列结论:

(1)他 3 次都击中目标的概率是 0.9^3;

(2)他第 3 次击中目标的概率是 0.9;

(3)他恰好 2 次击中目标的概率是 $2×0.9^2×0.1$;

(4)他恰好 2 次未击中目标的概率是 $3×0.9×0.1^2$。

其中正确结论的序号为_____。

题目 2:某气象站天气预报的准确率为 0.8,计算:

(1)5 次预报中恰有 2 次准确的概率;

(2)5 次预报中至少有 2 次准确的概率;

(3)5 次预报中恰有 2 次准确且第 3 次预报准确的概率。

题目 3:一名学生每天骑自行车上学,从家到学校途中有 5 个交通岗,假设他在各交通岗遇到红灯的事件是相互独立的,并且概率都是 $\frac{1}{3}$。

(1)求这名学生在途中遇到红灯的次数 X 的分布列;

(2)求这名学生在途中至少遇到一次红灯的概率。

【设计意图】当堂自测,作为课堂优化教学的有效手段,不仅是对学生所学知识的一次深刻检查与反馈,更是提升课堂质量的关键途径。通过自测,我们能够洞悉学生对知识的掌握程度,能力的进阶状态,哪些同学已经达成了既定目标,哪些同学仍需努力前行。这一环节不仅是对学生学习效果的精准检测,更是推动学生高效学习的有力催化剂。在数学文化的熏陶下,自测成为学生自我挑战、自我超越的舞台,让他们在探索与发现中不断成长,实现数学与自我能力的双重提升。

环节六:注重方法,善于总结提高

伯努利试验要从三方面考虑:

(1)判断问题是否为伯努利试验;

(2)在不同的实际问题中找出概率模型中的 n、k、p;

(3)运用公式求概率。

【设计意图】在本节课的尾声,我们引导学生对本节课所学知识的结构进行梳理,让他们能够清晰地认识重点与难点,为后续的复习巩固指明方向。正如编织筐篓,收口之处尤为关键;反思与提炼,同样是学习进步与深化的重要环节。这一环节主要由学生独立完成,老师则在一旁给予必要的引导与补充。这样的设计,不仅检验了学生的课堂学习效果,更培养了他们的归纳总结能力、提炼与反思的习惯。在数学文化的熏陶下,学生学会了在反思中前行,在提炼中升华,让数学学习成为一次心灵与智慧的旅程。

课后思考题:二项分布与超几何分布的区别与联系。

(五)板书设计

本节课的板书如下,其他由多媒体展示。

课题：二项分布	俗语导入	例3	课堂总结
创设情境：李华投球	复习：1、2、3	变式3	布置作业
归纳：伯努利试验的定义	例1	解决俗语	
	变式1	课堂小测	
探索：概率	例2	板演3	
构建：模型	变式2（板演）		

【设计意图】叶圣陶先生曾言："板书之用，贵在实用。除却正确无误，更需清晰匀称，观之令人心旷神怡，至少亦不可有碍观瞻。"此言不虚，板书之规范与美观，实则是对学生数学文化之潜在熏陶。它犹如一道亮丽的风景线，启迪学生建构完整的知识体系，引导他们形成良好的学习习惯。同时，规范的书写亦能促进学生卷面之整洁与规范，提升学习之整体效益。在数学文化的浸润下，板书不仅是知识的传递，更是文化的传承与弘扬。

课例评析：

本节课在数学文化融入方面做得相当出色，值得深入反思和总结。作为教师，我原本设计这堂课的初衷是提升学生的学习兴趣，对于李华同学个人的影响，我并未抱有太高的期望。然而，结果却大大超出了我的预期。

李华同学作为体育生，以往对数学并无太大兴趣，基础也相对薄弱。但在这堂课之后，他展现出了对数学的新认识和对数学的热爱。他告诉我，数学并非枯燥无味的学科，而是一个充满实用性和思维挑战的领域。他的这种转变，不仅体现在对数学的态度上，更体现在他主动探索和学习数学的行为上。

这堂课的成功，充分证明了数学文化融入教学的重要性和有效性。通过融入数学文化,不仅能够激发学生的学习兴趣,还能够引导他们深入理解数学的内涵和价值。同时,这也提醒我们,作为教师,应该更加注重学生的个体差异和需求,为他们提供更具针对性和实效性的教学。

高中新课程标准提出"学生的数学学习活动不应只限于接受、记忆、模仿和练习,高中数学课程还应倡导自主探究、动手实践、合作交流、阅读自学等学习数学的方式。这些方式有助于发挥学生学习的主动性,使学生的学习过程成为在教师引导下的再创造过程。"因此本节课围绕体育比赛中胜率的计算问题进行研究,让学生进行自主探究,提出问题,分析问题并解决问题。通过这样的实践,我们将充分调动学生的主观能动性,使他们在学习的过程中深刻感受数学的魅力,体验数学在生活中的实际应用。

此外,胜率计算不仅仅是一个数学问题,它还蕴含着丰富的数学文化。我们将引导学生了解胜率计算的历史背景,探究其数学原理,感受数学在体育竞技中的应用价值。通过这样的学习,学生不仅能够掌握数学知识,还能够更好地理解数学文化的内涵,从而更加深入地感受到数学与生活的紧密联系。

当然,这堂课也存在一些不足之处,比如某些环节的设计可能还不够完善,需要进一步优化和改进。但总的来说,这是一堂值得肯定和推广的数学文化课。我相信,在未来的教学中,我会继续探索和实践数学文化融入教学的方法,为学生们创造更加丰富多彩的学习体验。我认为在课堂教学中有机融入数学文化,这是任何一个学科都要倡导的事情,俗话说:千教万教教人求真,千学万学学做真人,这是作为老师这个职业的幸福源泉。本节课有机地将数学文化潜移默化地融入数学课堂教学中,概括起来主要有四个方面:

1. 尊重、关爱学生是本节课融入数学文化的前提和基础

李华同学作为我班的体育特长生，他的数学成绩一直未能达到理想水平。本节课，我特意以李华同学的投球事例为起点，融入数学文化元素，展现数学与体育之间的紧密联系，旨在通过人文关怀的方式，激发他对数学的兴趣。

在探索学习的过程中，我们围绕投球事例，从数学角度进行层层剖析，让李华同学逐渐认识到数学在解决实际问题中的重要作用。通过不断变式，我们引导他深入思考，发现数学中的规律和奥秘。

同时，我始终关注李华同学的情感变化，让他感受到集体对他的关爱与期望。在数学文化的熏陶下，他逐渐敞开心扉，与同学们一起探讨数学问题，分享学习心得。

本节课不仅激发了李华同学的数学学习兴趣，也让他深刻体会到了数学文化的魅力。通过人文关怀与数学文化的结合，我们为李华同学搭建了一个展示自我、提升能力的平台，让他在数学学习的道路上更加自信、坚定。

2. 在创设情境中有机融入了数学文化

本节课巧妙地以同学们喜闻乐见的"李华投篮"事例为引子，巧妙地将数学文化融入其中，从而引领整节课的深入探索。这一富有创意的设计，极大地激发了全体同学参与数学课堂的热情，效果超出了我们的预期。

陶行知先生曾言："真的教育是心心相印的活动，唯独从心里发出来的，才能打到心的深处。"本节课正是如此，通过创设贴近学生生活的学习情境，不仅触动了学生的心灵，更让数学文化在无形中得以渗透。

在"李华投篮"的情境中，我们深入剖析了其中的数学原理，展现

了数学与体育的紧密联系。同学们在轻松愉快的氛围中,不仅掌握了数学知识,更感受到了数学文化的魅力。通过自主探究和数学文化的融入,让学生在探索中感受数学的乐趣,体验数学的价值,进一步提升他们的数学素养。

这样的教学方式,不仅提高了学生学习数学的兴趣,更培养了他们的数学思维和解决问题的能力。我相信,在未来的学习中,同学们会继续保持这种热情,深入探索数学文化的奥秘。

3. 将数学知识作为载体,对学生进行了辩证唯物主义的教育

本节课,我们鼓励学生通过观察发现、自主探究和合作交流等方式,逐步从特殊走向一般,从感性迈向理性,从量变催生质变,从而主动建构起伯努利试验与二项分布的概率模型。作为教师,我积极启发学生的思维,引导他们深入思考,调控他们的思维方向,帮助他们优化思维过程。这样,数学文化在无形中得以融入课堂,成为我们探索数学奥秘的有力工具。

在这个过程中,我们不仅学习了数学知识,更感受到了数学文化的魅力。数学文化不仅体现在数学公式的推导和定理的证明中,更体现在我们思考问题的方式和解决问题的过程中。它让我们学会用数学的眼光看世界,用数学的思维解决问题。通过本节课的学习,学生们不仅掌握了伯努利试验与二项分布的概率模型,更在探究过程中感受到了数学文化的深刻内涵。

4. 把美学知识、美学素养有机巧妙地融入课堂之中

李华投篮的每一个动作都透露出数学之美。板书上的"篮球示意图",则是一幅简洁而富有张力的数学画卷,它让同学们在欣赏画卷的同时感受到了数学的魅力。这样的美,不仅是对全班同学的激励,更是对他们数学审美情趣的陶冶。

本节课中,我们探索出的概型计算公式,其对称之美、形式之美令人惊叹。它与二项式定理之间的惊人相似,仿佛是一场跨越时空的数学对话,展现了数学内在的统一与和谐。我们巧妙地将这些美的形式、美的形象、美的事例等数学美学文化融入课堂,让孩子们在探索中感受到数学文化的深厚底蕴,从而促进了他们的美育发展。

本节课就像一座充满数学文化的殿堂。我们通过精心设计的教学内容和有机融入的数学文化元素,旨在培养出具有深厚人文底蕴、勤于反思、学会学习、人格健全、健康生活、敬业奉献、责任担当、敢于探索、实践创新的良好公民。这些公民不仅能够适应个人终身发展,更能够推动社会的持续进步。

当然,我们也清醒地认识到,本节课还存在许多不足之处。但正是这些不足,为我们提供了改进和进步的空间。我们深知,好的数学课并不是追求完美的艺术表现,而是老师与学生共同探索、共同成长的生态乐园。在这里,我们用心感受数学的魅力,用智慧探索数学的奥秘,共同书写着属于我们的数学文化篇章。

新授课设计案例 2:

《双曲线及其标准方程》教学设计

摘要:在课堂教学中融入数学文化,设计丰富环节,旨在培养学生的核心素养。通过探索双曲线性质与标准方程的过程,引导学生深入理解数学原理,提升逻辑思维能力和解决问题的能力。教法上,我们注重启发式教学,引导学生自主探究;学法上,强调合作与交流,培养学生团队协作与沟通能力。让课堂充满活力,让学生在数学文化的熏陶中全面发展。

（一）内容简析

学生在探索圆锥曲线的奥秘时，首先踏足的是椭圆的领地，而双曲线的学习则是对这一探索的进一步延伸与深化。当双曲线的学习渐入佳境，对于抛物线的理解便会自然而然地水到渠成。因此，本节课不仅纵向地延续了椭圆定义和标准方程的研究脉络，更在横向上为双曲线简单性质的学习铺设了坚实的基石。

然而，在学习的过程中，我们不难发现，与椭圆相比，双曲线往往未能得到学生足够的重视，这成为他们学习道路上的一道障碍和失分之源。更为关键的是，由于学生对椭圆与双曲线之间的区别与联系理解不足，他们在知识的迁移和方法的应用上往往显得力不从心，很容易在学习双曲线时与椭圆产生混淆。

因此，在教学中，我们应始终秉持类比的理念，引导学生充分类比并深入体会椭圆与双曲线的异同点。通过这样的方式，让学生在椭圆与双曲线的学习上相互促进，共同提升，让学生在探索圆锥曲线的道路上越走越远，收获满满的知识与智慧。

（二）目标定位

1.在数学的知识储备上，学生们已系统地探索了直线方程、圆的方程以及椭圆的奥秘。他们熟悉了椭圆的定义，并能够依据题目条件求得简单的椭圆标准方程。然而，正如对数学之美的追求永无止境一样，学生对椭圆基本性质的理解仍需深化。由于接触学习椭圆的时间尚短，他们的理性思维尚待加强，计算能力的短板也限制了他们在解决直线与椭圆等综合问题时的表现。

2.在数学文化的熏陶下，学生应当逐渐提升将新问题转化为已解决问题的能力，并学会选择和调整解决问题的策略。此外，学生的学习方法也需要从简单的模仿和反复练习中跳脱出来，去深入探索知识的生成与发展,理解各种数学概念之间的区别与联系。只有如此,他们才能培养起抽象概括及分析综合的能力,更好地领略数学文化的魅力。

3.深入理解双曲线的定义,掌握其几何形态及标准方程,并能初步应用于实际场景中。通过参与双曲线定义的归纳与发现过程,以及标准方程的推导,学生能够进一步领悟类比与数形结合的数学思想,提升观察力与探究分析能力。教师要引导学生从数学文化的视角进行深度交流与探索,学会用联系的思维认识问题,从而对数学学科的方法论有所感悟,进而培养学生对数学学科的浓厚兴趣。

(三)方法阐释

1.教法阐释

在《双曲线及其标准方程》的教学中,我注重将数学文化融入课堂,采用启发式教学法,通过引导学生探索双曲线的性质与标准方程,培养他们发现问题与解决问题的能力。我鼓励学生主动参与,通过实践操作、讨论交流等方式,深入体验数学的美妙与魅力。这样的教法不仅能激发学生的学习热情,更能帮助他们深入理解数学知识,提升数学素养。

在探索双曲线的奥秘时,我们还注重发挥类比的魔力,将双曲线与椭圆进行对照,深入剖析它们之间的相同点与不同点。通过这种方式,我们旨在帮助学生理解并掌握椭圆与双曲线之间的微妙区别与紧密联系,使他们能够在数学的世界中自由穿梭,领略不同曲线形态的独特魅力。

2.学法阐释

学习双曲线的过程中,我鼓励学生亲自动手绘制双曲线,通过这一实践过程,揭示双曲线上的点所满足的条件,从而掌握双曲线的本质特性。双曲线的定义是其核心所在,因此我们应深入理解其内涵,感受双曲线独特的数学美。这种动手实践的学习方式,不仅有助于提高学生的数学素养,更能让他们在数学文化的熏陶下,感受到数学的魅力与智慧。

在学习过程中,学生还应积极采用合作学习的方式,融入数学文化的思考。通过小组讨论、共同探究,深入理解双曲线的性质与标准方程。同时,学生应主动提问、勤于思考,培养自己的逻辑思维能力和问题解决能力。这样的学法不仅有助于学生提升学习效果,更能让学生在数学文化的熏陶中,感受到数学的魅力,培养自己的数学核心素养。

(四)教学流程

环节一:诗情画意　导入新课

赏中华诗词,寻文化基因,品生活之美,请同学们齐声朗诵王安石的《登飞来峰》。

登飞来峰

[宋]　王安石

飞来山上千寻塔,闻说鸡鸣见日升。

不畏浮云遮望眼,自缘身在最高层。

广州电视塔,那优雅挺立的身姿,被誉为"小蛮腰",其外形正是一个典型的单页双曲面,也即直纹面的完美体现。这种双曲面的独特之处在于,其每一条母线都是笔直的线条。乍看之下,广州塔的外壁似乎是由流畅的曲线构成,中间纤细而两头宽阔,然而,实际上,每一根支撑塔身的柱子,从底部到顶部都是笔直的。这种奇妙的构造方式,使得广州塔仿佛是由无数笔直的柱子斜向交错搭建而成,展现出了双曲线结构的神奇魅力。

（广州电视塔——单页双曲面）

矮寨特大悬索桥,矗立在湖南省湘西州吉首市矮寨镇的壮丽山水间,距离繁华的吉首市区约 20 公里之遥。这座桥梁不仅是国家重点规划的 8 条高速公路之一——长沙至重庆通道湖南段吉茶高速公路的璀璨明珠,更是工程技术与数学美学完美结合的典范。从数学文化的视角来看,矮寨特大悬索桥不仅是一座连接湘渝两地的交通要道,更是一座展示数学魅力的文化桥梁。它让我们深刻感受到数学在解决实际问题中的巨大潜力,也让我们更加敬佩那些将数学应用于工程实践的杰出科学家们。

（矮寨大桥——双曲线收腰形）

同学们,你们已经知道,在平面内,与两个定点距离之和为常数（且大于两定点间的距离）的点的轨迹会形成椭圆,那么,你们是否好奇,当这个"和"变为"差",即平面内与两定点的距离之差为非零常数的点的轨迹,又会是怎样的曲线呢?

现在,让我们一同探索这个神秘的数学世界。请一位同学勇敢地走上前来,用双曲线演示模板绘制出这一神奇的双曲线。随着笔尖的舞动,双曲线的优美形态逐渐展现在我们眼前,仿佛一幅流动的数学画卷。

在这美妙的双曲线绘制完成后,我们将正式给出双曲线的定义,并深入研究其标准方程。通过这一过程,我们将更加深入地理解双曲线的本质和特性,感受数学在描述自然世界中的独特魅力。

【设计意图】常态化的诵读经典,不仅有利于塑造学生的学习习惯,更能滋养其身心健康与人格魅力。在引领学生走进双曲线的新知识殿堂之前,我们精心选取了广州电视塔与矮寨大桥这两座现代建筑杰作的图片,展示在白板上,旨在通过视觉的冲击和心灵的震撼,激发学生对双曲线学习的热情与向往。通过展示这些充满数学韵味的建筑实例,引导学生从数学文化的角度去感受和理解双曲线的美并激发同学们对双曲线学习的热情。

环节二:诱思探究　生出成果

关于双曲线的定义,通过以下三个步骤来给出:首先是绘图演示,其次是分析原理,然后是归纳定义(注意与椭圆的比较),最后是推导双曲线的标准方程。

教师:我们学过求曲线的方程的一般步骤,现在我们一起根据定义求双曲线的标准方程。(师生互动,共同推导之)

第一步:建立直角坐标系;

第二步:设点,设 $M(x,y)$,焦点分别为 $F_1(-c,0)$,$F_2(c,0)$,M 到焦点的距离差的绝对值等于 $2a$;

第三步:启发学生根据定义写出 M 点的轨迹构成的点集,

$P=\{M|\,|MF_1|-|MF_2|=\pm2a\}$;

第四步:建立方程:

$$\sqrt{(x+c)^2+y^2}-\sqrt{(x-c)^2+y^2}=\pm 2a(方程的化简是难点);$$

第五步:化简,得到 $\dfrac{x^2}{a^2}-\dfrac{y^2}{b^2}=1(a>0,b>0)$。

教师强调:我们得到了焦点在 x 轴上,且焦点分别为 $F_1(-c,0)$,$F_2(c,0)$ 的双曲线标准方程为 $\dfrac{x^2}{a^2}-\dfrac{y^2}{b^2}=1(a>0,b>0)$,这里 $c^2=a^2+b^2$。如果焦点在 y 轴上呢?(学生练习)

学生(练习后):此时的标准方程应该是 $\dfrac{y^2}{a^2}-\dfrac{x^2}{b^2}=1(a>0,b>0)$。

【设计意图】通过与椭圆的比较,我们可以发现双曲线和椭圆在几何性质上有许多不同之处,但在数学表达和推导过程中,它们又有着一定的相似性和联系。

双曲线标准方程的探讨:

教师:刚才我们共同推导了双曲线的标准方程。请同学想一下,双曲线标准方程中字母 a、b、c 的关系如何? 是不是 $a>b$?

学生:a、b、c 满足等式 $c^2=a^2+b^2$,所以有 $a^2=c^2-b^2$,可以得到 $a<c,b<c$,但不能判断 $a>b$。

教师:很好。我们在求双曲线标准方程过程中还发现,确定焦点对求双曲线方程很重要。那么如何根据方程判定焦点在哪个坐标轴上呢?

学生:由于焦点在 x 轴和 y 轴上的标准方程分别为 $\dfrac{x^2}{a^2}-\dfrac{y^2}{b^2}=1$ $(a>0,b>0)$ 和 $\dfrac{y^2}{a^2}-\dfrac{x^2}{b^2}=1(a>0,b>0)$,我们发现与焦点所在的坐标轴相关的未知数的分母总是 a,所以可以由 a 来判定。

教师:很好。如果我们知道双曲线的方程是 $\dfrac{x^2}{3}-\dfrac{y^2}{2}=1$,那么你

如何寻找 a？

学生：因为 a 所在的这一项未知数的系数是正的，所以只要找正的系数就可以了。

教师：如果方程是 $\dfrac{x^2}{3}-\dfrac{y^2}{2}=-1$ 呢？

学生：先化成标准方程。

教师：请同学总结一下。

学生：化标准，找正号。

环节三：反思应用　迁移运用

例 1　已知双曲线的两个焦点坐标分别为 $F_1(-5,0)$，$F_2(5,0)$，双曲线上一点到 F_1，F_2 距离差的绝对值等于 6，求双曲线的标准方程。

变式：一炮弹在 M 处爆炸，在 $1F$、$2F$ 处听到爆炸声。已知两地听到爆炸声的时间差为 2 s。又知两地相距 800 m，并且此时的声速为 340 m/s，那么 M 点一定在哪条曲线上？

例 2　求适合下列条件的双曲线的标准方程。

（1）焦点为 $(0,-6)$，$(0,6)$，并且经过点 $(2,-5)$；

（2）经过点 $(-\sqrt{2},-\sqrt{3})$，$\left(\dfrac{\sqrt{15}}{3},\sqrt{2}\right)$。

例 3　求证：双曲线 $x^2-15y^2=15$ 与椭圆 $\dfrac{x^2}{25}+\dfrac{y^2}{9}=1$ 的焦点相同。

变式：已知方程 $\dfrac{x^2}{k-3}+\dfrac{y^2}{2-k}=1$ 表示焦点在 y 轴上的双曲线，求实数 k 的取值范围。

环节四：当堂检测　学评一体

1.双曲线 $4x^2-y^2+64=0$ 上一点 P 到它的一个焦点的距离等于 1，那么点 P 到另一个焦点的距离等于_____。

2.求适合下列条件的双曲线的标准方程。

(1)焦点在 x 轴上,$a=2\sqrt{5}$,经过点 $A(-5,2)$;

(2)经过两点 $A(-7,-6\sqrt{2})$,$B(2\sqrt{7},3)$。

3.已知方程 $\dfrac{x^2}{k-3}+\dfrac{y^2}{2-k}=1$ 表示双曲线,求实数 k 的取值范围。

环节五:归纳小结 形成能力

教师:同学们,想一想本节课我们学到了什么?

学生:①双曲线的定义;②双曲线的标准方程及其推导过程;③运用已有知识求双曲线的标准方程。

教师:本节课所涉及的数学思想方法有哪些呢?

学生:数形结合法,待定系数法,分类讨论,类比。

环节六:布置作业

作业:课本第 61 页 1、2、3。

课例评析:

本节课也很好地融入了数学文化元素,具体总结如下:

1.在教学方法的熔炼中,我们巧妙地运用了类比的艺术手法,将椭圆的定义与方程的探索之旅迁移到双曲线的世界。这种迁移不仅为学生提供了一个全新的视角来审视双曲线,更让他们在对比中深入领略椭圆与双曲线的异同,感悟数学中形态变换的无穷魅力。这一教学过程充分展现了数学文化的连贯性和深刻性,让学生在探索中感受数学的博大精深。

2.在提升学生参与度方面,我们精心设计了一系列富有探索性的问题,旨在引导学生独立思考、勇于表达,并在相互启迪中合作共研。教师作为引路人,适时点拨,使学生在数学之旅中越走越远。这种教学模式不仅培养了学生的独立思考能力,更让他们在实践中体验到数学文化的交流与合作精神。

3.在课堂目标的雕琢上,我们力求实现知识技能与能力培养的和谐统一。学生在探索双曲线的过程中,不仅掌握了双曲线的相关知识,更对其定义的深刻内涵有了更为清晰的认识。同时,他们也在类比中领略了数学文化的博大精深,感受到了数学的独特魅力。这种对数学文化的深入理解和感悟,将为学生未来的数学学习奠定坚实的基础。

4.在信息技术的运用上,我们充分发挥了多媒体的优势,将双曲线的形成过程以图像的形式呈现,使抽象的概念变得直观生动。同时,我们注重传统板书与现代技术的结合,让学生在感受科技魅力的同时,也能体验到传统板书的亲切与深刻。这种信息技术的运用不仅提高了教学效果,更让学生深刻体验到数学文化与现代科技的完美结合。

5.在追求教学实效的过程中,我们注重实效而非形式。通过本节课的学习,学生不仅巩固了双曲线的知识,更在探索中提升了数学思维和运算能力。他们体验了方程、化归、数形结合等数学思想的运用,为后续的数学学习奠定了坚实的基础。同时,他们也在这段数学之旅中感受到了数学文化的深厚底蕴,进一步激发了他们对数学的热爱与追求。这种对数学文化的热爱与追求,将为学生未来的数学学习提供源源不断的动力。

新授课设计案例3:

《随机事件的概率》教学设计

摘要:《随机事件的概率》教学中,通过融入数学文化,让学生领略概率论的魅力。课堂上,引导学生从生活实例出发,探索随机事件背后的规律,培养逻辑推理与数据分析能力。注重实践探究,让学生在动手操作中深化理解,提升核心素养。数学文化与课堂融合,不仅丰富了教学内容,更激发了学生的探究兴趣,助力他们全面发展。

（一）内容简析

本课以数学文化为纽带,将概率知识与生活实际紧密结合。通过引导学生探究经典概率问题,让学生感受概率论的智慧与魅力;同时,借助生活实例和模拟实验,让学生在实践中领悟随机事件的本质。教学中注重培养学生的逻辑思维与数据分析能力,让他们能够运用概率知识解决实际问题。整堂课将数学文化与概率教学相互融合,使学生在感受数学文化的同时,深刻理解和掌握随机事件的概率知识。

（二）目标定位

1.我们致力于引导学生深入理解随机事件、必然事件与不可能事件的概念,不仅关注其定义与特性,更在于感悟这些概念背后的数学逻辑与规律。通过挖掘数学史上的经典案例与故事,让学生领略概率论的深厚底蕴与广泛应用,从而激发他们对概率学习的兴趣与热情。

2.我们注重通过实际操作与试验,让学生亲身体验随机事件的不确定性。借助抛掷硬币、抽取扑克牌等简单而有趣的实践活动,让学生在动手操作中感受概率的奥妙与魅力。同时,我们引导学生探寻随机事件中蕴含的频率稳定性,通过大量重复试验,观察并总结规律,从而深化对数学概率的感知与理解。通过实际操作与试验,让学生亲身体验随机事件的不确定性,并探寻其中蕴含的频率稳定性,从而深化对数学概率的感知与理解。

（1）重点:借助抛掷硬币的实践活动,让学生深刻领会概率的定义,明晰概率与频率的区别与联系,让学生在亲身体验中领悟概率的定义与思想方法。

（2）难点：我们针对难点问题——利用频率估计概率，引导学生利用频率估计概率，深刻体会随机事件发生的随机性与规律性，培养他们的数学直觉与抽象思维。

（三）方法阐释

1.教法阐释

学生对概率的掌握程度参差不齐，但普遍对生活中的随机事件充满好奇。针对这一特点，教学设计应注重融入数学文化，从学生当前的最近发展区出发，通过生动有趣的生活实例和实验操作，创设生动的数学情境，激发学生的兴趣，引领他们走进概率的奇妙世界，逐步深化对概率概念的理解。

我们可以采用发现式教学方法，借助抛硬币试验，引导学生自主收集数据，归纳试验结果，从而发现随机事件的随机性与规律性，不断提升他们的探索能力。明确阐述概率与频率的异同，使学生理解利用频率估计概率的思想方法，培养他们的逻辑思维与抽象能力。

2.学法阐释

（1）鼓励学生亲自动手、动脑，通过实践操作理解数学知识，感受数学与现实世界的紧密联系，培养他们的实践精神与创新意识。

（2）通过数学史实的渗透，引导学生体会数学文化的博大精深，培养他们的辩证唯物主义观点，增强他们的科学意识与严谨的科学精神。

（四）教学流程

环节一：创设情境　引出课题

故事《狄青征讨侬智高》：北宋仁宗年间，西南少数民族首领侬智高起兵作乱，大将狄青奉命征讨．出征之前，他召集将士说："此次作战，前途未卜，只有老天知道结果．我这里有 100 枚铜钱，现在抛到地上,如果全部正面朝上,那么表明天助我军,此战必胜。"言罢,便将铜钱抛出,100 枚铜钱居然全部正面朝上!

将士闻讯,欢声雷动,士气大振! 宋军也势如破竹,最终全胜而归。

环节二:温故知新　承前启后

温习随机事件概念:

(1)必然事件:在条件 S 下,一定会发生的事件,叫相对于条件 S 的必然事件;

(2)不可能事件:在条件 S 下,一定不会发生的事件,叫相对于条件 S 的不可能事件;

(3)随机事件:在条件 S 下可能发生也可能不发生的事件,叫相对于 S 的随机事件;

(4)确定事件:必然事件和不可能事件统称为相对于条件 S 的确定事件。

讨论:在生活中,有许多必然事件、不可能事件及随机事件,你能举出现实生活中必然事件、不可能事件、随机事件的实例吗?

例 1　判断下列事件哪些是必然事件? 哪些是不可能事件? 哪些是随机事件?

(1)导体通电后,发热;

(2)抛出一块石块,自由下落;

(3)某人射击一次,中靶;

(4)在标准大气压下且温度低于 0℃时,冰自然融化;

(5)方程 $x^2+1=0$ 有实数根;

(6)如果 $a>b$,那么 $a-b>0$;

(7)西方新闻机构 CNN 撒谎;

(8)从标号分别为 1,2,3,4,5 的 5 张标签中,得到 1 号签。

答：根据定义，事件(1)(2)(6)是必然事件；事件(4)(5)是不可能事件；事件(3)(7)(8)是随机事件。

◆**频数与频率**：在相同的条件 S 下重复 n 次试验，观察某一事件 A 是否出现，称 n 次试验中事件 A 出现的次数 n_A 为事件 A 出现的频数；称事件 A 出现的比例 $f_n(A)=\dfrac{n_A}{n}$ 为事件 A 出现的频率。

讨论：随机事件、必然事件、不可能事件频率的取值范围是多少？

答：必然事件出现的频率为 1，不可能事件出现的频率为 0，随机事件出现的频率介于 0 和 1 之间。

环节三：师生合作　共探新知

抛掷硬币试验：

◆**试验步骤**：(全班共 48 位同学，小组合作学习)

(1)个人试验，收集数据：全班分成两大组，每大组分成六小组，每小组四人，前三排每人试验 15 次，后三排每人试验 10 次；

(2)小组统计，上报数据：每小组轮流将试验结果汇报给老师；

(3)班级统计，分析数据：利用 Excel 软件分析抛掷硬币"正面朝上"的频率分布情况，并利用计算机模拟掷硬币试验说明问题；

组别	第一大组		第二大组	
小组	正面朝上次数	正面朝上比例	正面朝上次数	正面朝上比例
1				
2				
3				
4				
5				
6				
合计				

(4)数据汇总,统计"正面朝上"次数的频数及频率;

(5)对比研究,探讨"正面朝上"的规律性(教师引导、学生归纳):

①随着试验次数的增加,硬币"正面朝上"的频率稳定在 0.5 附近;

②抛掷相同次数的硬币,硬币"正面朝上"的频率不是一成不变的。

(在试验分析过程中,由学生归纳出来)

提问:如果再做一次试验,试验结果还会是这样吗?(不会,具有随机性)

◆历史上一些抛掷硬币的试验结果:

试验者	抛掷次数(n)	正面向上的次数(频数 m)	频率$\left(\dfrac{m}{n}\right)$
棣莫弗	2048	1061	0.5181
布丰	4040	2048	0.5069
费勒	10000	4979	0.4979
皮尔逊	12000	6019	0.5016
皮尔逊	24000	12012	0.5005

(讨论:0.5 的意义,引出概率的概念)

◆概率:对于给定的随机事件 A,如果随着试验次数的增加,事件 A 发生的频率 $f_n(A)$ 稳定在某个常数上,把这个常数记作 $P(A)$,称为事件 A 的概率。

讨论:事件 A 的概率 $P(A)$ 的范围?频率与概率有何区别和联系?

◆频率与概率的区别和联系(重点、难点):

(1)频率是概率的近似值,随着试验次数的增加,频率会稳定在概率附近;

（2）频率本身是随机的，在试验前不能确定；

（3）概率是一个确定的数，是客观存在的，与每次试验无关。

◆讨论：研究随机事件的概率有何意义？

任何事件的概率是 $0 \sim 1$ 之间的一个确定的数，它度量该事情发生的可能性。小概率事件很少发生，而大概率事件则经常发生。知道随机事件的概率有利于我们作出正确的决策。

◆数学思想方法点拨——如何求随机事件的概率？

通过大量重复试验，利用频率估计概率。

例子：天气预报、保险业、博彩业等。

环节四：参考例题　变式练习

例 2　做同时掷两枚硬币的试验，观察试验结果。

（1）试验可能出现的结果有几种？分别把它们表示出来；

（2）做 100 次试验，每种结果出现的频数、频率各是多少？

重复（2）的操作，你会发现什么？你能估计"两个正面朝上"的概率吗？

（利用计算机模拟掷两次硬币试验，说明问题）

照应：通过模拟试验，我们知道抛两枚硬币，得到"两个正面朝上"的概率为 0.25，那狄青抛 100 个铜钱都正面朝上，这种事情你敢相信吗？

揭示谜底：狄青所抛铜钱正面朝上是必然事件，而不是随机事件，因为他所抛的铜钱正反两面是相同的。

环节五：梳理生成　课堂小结

知识内容：

（1）随机事件、必然事件、不可能事件的概念；

（2）概率的定义及其与频率的区别和联系，体会随机事件的随机性与规律性。

思想方法：利用频率（统计规律）估计概率。

环节六：布置作业　课后巩固

（必做）如果某种彩票的中奖概率为 0.001，那么买 1 000 张彩票一定能中奖吗？试论述中奖概率为 0.001 的含义。（要求突出频率与概率的区别和联系）

（选做）试求上题中，买 1 000 张彩票都不中奖的概率是多少？

课例评析：

本节课的设计彰显了数学本身的魅力与精彩。在悠扬动人的《十面埋伏》的音乐背景下，为学生引入了一段引人入胜的北宋传说故事，成功激起了他们内心深处的好奇心和探究欲。在教学过程中，我巧妙地设计了多个环节，这些环节之间紧密相连，像一颗颗璀璨的珍珠串联起一堂丰富多彩的课程。这样的设计使得学生在思考与探索中不断挖掘自身的智力潜能，收获了满满的知识与成长。

当提及利用频率逼近概率这一课题时，我们仿佛走进了一个充满神秘与智慧的数学世界。在这个世界里，频率与概率如同孪生兄弟，携手揭示着自然现象的奥秘。而 Monte－Carlo 法，这位随机模拟的巨匠，则以其独特的方式，为我们提供了一个解决实际问题的有力工具。

想象一下，在课堂上，我们带领学生们走进 Buffon 的投针问题的奇妙世界。平行线如同大地的经纬，而那枚小小的针则像是探险家，在这片广袤的数学领域中寻找着与平行线相交的机遇。每一次投掷，都是一次对概率的探寻，每一次相交，都是对 π 值的一次逼近。学生们在惊叹于这一奇妙现象的同时，也深刻体会到了概率与频率之间的紧密联系。

在整个教学过程中,老师如同一位导航员,引导学生们穿梭于数学文化的浩瀚海洋中。我们探索着概率论的起源与发展,品味着数学公式背后的深刻哲理。同时,我也注重培养学生的实践能力和创新思维,让他们在探索与实践中不断成长。这节课不仅让我们感受到了教学的乐趣,更让我深刻体会到了数学文化的魅力,我们带领学生们领略数学之美,感受数学之力,让他们在数学的世界中收获智慧与成长。

二、研究性课例设计

高中数学研究性学习课是非常重要的一类课型,这种课型更加注重对学生应用能力和创新能力的考查与培养,有利于跨学科教学和大概念教学更好地落实,也有利于数学文化更好地融入课堂教学,不仅可以丰富教学内容,提升学生的学习兴趣,还能帮助学生更深入地理解数学的本质和价值。想要让研究性学习课上得成功上得精彩,需要注意以下几个方面:

1.精选数学文化内容,与课程紧密结合

首先,教师应根据本节课的教学内容,精选与之相关的数学文化内容。这些内容可以包括数学史上的重要事件、著名数学家的故事、数学在现实生活中的应用等。通过将这些内容与数学知识相结合,可以让学生更好地理解数学的发展历程和数学在现实生活中的作用。

例如,在讲解"等比数列前 n 项和"时,可以引入古代印度的国王要奖赏国际象棋的发明者的故事,通过讲解这个故事的历史背景和解决方法,让学生感受到数列的趣味性和实用性。

2.创新教学方式,激发学生兴趣

为了使学生更好地融入数学文化的氛围,教师应创新教学方式,运用多种教学手段。可以利用多媒体展示数学史的相关图片或视频,让学生直观地感受数学文化的魅力;可以组织学生进行小组讨论,分享他们对数学文化的理解和感悟;还可以邀请数学领域的专家或学者来校举办讲座,与学生面对面交流,激发学生的学习兴趣。

此外,教师还可以设计一些与数学文化相关的互动环节,如数学文化知识竞赛、数学文化主题演讲比赛等,让学生在参与中感受到数学文化的乐趣和价值。

3.注重思维引导,培养学生的数学素养

融入数学文化不仅是为了让学生了解数学知识背后的故事,更重要的是通过数学文化的熏陶,培养学生的数学素养和思维能力。因此,在教学过程中,教师应注重对学生的思维引导,鼓励他们从多个角度思考问题,培养他们的逻辑思维能力和创新能力。

例如,在讲解几何知识时,可以引导学生思考几何图形在现实生活中的应用和变化,让他们通过观察和思考,发现几何图形的奥秘和美感。

4.关注学生反馈,及时调整教学策略

在教学过程中,教师应密切关注学生的反馈和表现,及时调整教学策略。可以通过课堂互动、作业完成情况等方式了解学生对数学文化的接受程度和兴趣点,以便更好地调整教学内容和方式。

同时,教师还应鼓励学生提出自己的问题和建议,与他们进行积极的互动和交流。这样不仅可以增进师生之间的了解和信任,还能使教学更加贴近学生的实际需求。

5.总结提升,巩固数学文化成果

在课程结束时,教师应对本节课进行总结提升,巩固数学文化的成果。可以引导学生回顾本节课所学的数学文化内容,总结其中的数学思想和方法;还可以布置一些与数学文化相关的作业或项目,让学生在课后继续深入学习和探索。通过总结提升,教师不仅可以帮助学生巩固所学知识,还能让他们更深入地理解数学文化的内涵和价值,为今后的学习和发展奠定坚实的基础。

综上所述,在高中数学研究性学习课中有机融入数学文化需要精选内容、创新方式、注重引导、关注反馈和总结提升。只有这样,才能使高中数学研究性学习课上得成功上得精彩,让学生在轻松愉快的氛围中感受到数学的魅力和价值。

研究性课例设计1:

《"杨辉三角"与二项式系数的性质》教学设计

摘要:这节课通过深入挖掘杨辉三角这一古代数学成果的深层含义,引导学生探索二项式系数的性质,感受我国古代数学的智慧与魅力。课堂上,学生不仅学习了数学知识,更在师生合作中领略了数学文化的博大精深。这种教学方式不仅提高了学生的学习兴趣,也增强了他们的民族自豪感。本节课的成功举办,为数学文化在数学课堂中的传播与传承提供了有益的借鉴。

(一)内容简析

《"杨辉三角"与二项式系数的性质》是普通高中课程标准实验教科书人教社 A 版选择性必修第三册中第六章第三节的重要课时内容。本课以先前学习的二项式定理为基础,通过深入观察"杨辉三角"的结构和归纳二项式系数的特性,旨在培养学生的符号意识以及抽象概括能力。本节课的开展是建立在学生已经掌握了两个计数原理、组合及组合数的性质,以及二项式定理和二项式系数等概念的基础上。通过本节课的学习,学生将进一步深化对组合数性质的理解,提升组合数的计算和变形能力,巩固二项式定理的应用,并在新旧知识之间建立紧密的联系。

(二)目标定位

1.理解"杨辉三角"的含义,掌握二项式系数的性质并学会应用;体会如何灵活运用展开式、通项公式、二项式系数的性质解题。

2.通过挖掘教材、设计课堂教学环节、开展数学实践活动等方面进行数学文化教育的融入。课堂教学从"知识"核心向"素养"核心转移,发展学生的数学核心素养。

(三)方法阐释

1.教法阐释

从知识内容上来看,本节课聚焦于事实性知识的传授,这些知识虽然初看易懂,但要真正上升到理解的认识层面却并不容易。因此,在教学过程中,需要注重引导学生深入探索,发掘其中的深层含义。

从知识发生发展的角度看,鼓励学生自主观察并发现二项式系数表中蕴含的数字规律,有助于他们自然地联系到上位知识,即组合数的性质与二项式系数的联系。对于高二的学生而言,他们不仅满足于"知其然",更渴望"知其所以然"。因此,在教师的适当引导下,学生将通过师生合作的方式,共同完成知识的探索与发展过程。这不仅符合学生的认知规律,也体现了互动学习的价值观。

值得一提的是,"杨辉三角"作为我国古代数学的重要成果之一,充分展示了我国古代人民的智慧和才能。通过本课的学习,我们可以对学生进行爱国主义教育,激发他们的民族自豪感,他们也更加深入地了解了数学文化的发展与价值。这样,数学文化的教学内容就能与知识传授融为一体,共同促进学生的全面发展。

2.学法阐释

从学生的学习角度来看,本节课强调的不是知识的灌输,而是引导学生从事实性知识出发,深入挖掘其内在的逻辑与意义。学生需要摒弃表面的理解,真正深入到知识的内核,从而达到真正的理解。

对于高二的学生来说,他们不再满足于表面的"知道",而是渴望深入了解"为什么"。因此,师生间的互动合作显得尤为重要,这将帮助学生逐步构建自己的知识网络,完善认知结构。

通过本课的学习,学生不仅能够掌握数学知识,还能感受到我国古代数学的魅力。杨辉三角作为我国古代数学的重要成果,不仅是古代数学家智慧的结晶,更是民族文化的瑰宝。通过学习这一内容,学生能够增强民族自豪感,而且会更加珍视并更有意愿传承数学文化。

因此,学生的学法不仅仅是要接受知识,更是要主动探索、积极思考、建立联系,并在这一过程中感受数学文化的魅力与价值。这样的学习方法不仅能够提高学习效果,更能促进学生的全面发展。

(四)教学流程

环节一:回顾知识　复习巩固

二项式定理:_____;

展开式的通项:_____;

二项式系数:_____;

$(1+x)^n=$_____。

环节二:数学史导入　倍感自豪

在课前,我们布置了前置作业,要求学生们了解杨辉三角,以及朱世杰、帕斯卡、牛顿、华罗庚与杨辉三角的关系。

现在,让我们来展示一下他们的作业成果,并听听他们在完成作业的过程中的感悟。

《详解九章算法》中记载的表

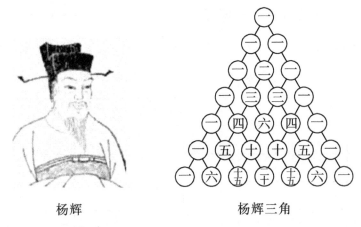

杨辉　　　　　　　　　　　杨辉三角

学生们通过查阅资料和思考，了解我国古代杰出的数学家杨辉的数学思想及成就。学生发现，杨辉三角这个看似简单的三角形数列，实际上蕴含着丰富的数学规律和奥秘。杨辉三角的每一行数字都对应着二项式展开式的系数，这一发现不仅展示了我国古代数学家的智慧，也为现代数学研究提供了重要的启示。

在谈到对我国古代数学成就的感受时，学生纷纷表示，他们为我国古代数学家的智慧和才华感到自豪。杨辉三角作为世界上最早记载二项式展开式系数的排列，比欧洲最早发现这个表的法国数学家帕斯卡要早四百多年，这充分证明了我国古代数学在世界数学史上的重要地位。

【设计意图】通过前置作业的学习和探究，学生们不仅掌握了杨辉三角的相关知识，更重要的是，他们感受到了我国古代数学文化的博大精深。这种文化的传承和弘扬，不仅能够激发学生们学习数学的兴趣和热情，更能够激励他们为祖国的繁荣富强而努力学习，为中华民族的伟大复兴贡献自己的力量。通过挖掘数学中的历史和文化元素,让学生们更好地理解和感受数学的魅力,培养他们的爱国情怀和民族自豪感。

环节三:分组探究　梳理规律

问题1:把$(a+b)^n(n=1,2,3,4,5,6)$展开式的二项式系数填入下面的表格中。通过填表,你发现了每一行的系数有什么规律?

	$(a+b)^n$ 展开式的二项式系数						
$n=1$							
$n=2$							
$n=3$							
$n=4$							
$n=5$							
$n=6$							

问题2:为了方便,可将上表改写成如下形式,表示形式变化后你发现新的规律了吗?

```
(a+b)¹ ······························ 1  1
(a+b)² ······························ 1  2  1
(a+b)³ ······························ 1  3  3  1
(a+b)⁴ ······························ 1  4  6  4  1
(a+b)⁵ ······························ 1  5  10  10  5  1
(a+b)⁶ ······························ 1  6  15  20  15  6  1
          ························
```

归纳小结:杨辉三角揭示了二项展开式的二项式系数的变化情况,那么杨辉三角有何特点?

【设计意图】精心设置一系列问题,旨在引导学生通过合作分析来深入探究杨辉三角的规律与联系。这一过程不仅是对知识的再发现与再创造,更是对学生思维策略的锻炼与提升。分组讨论、交流展示的学习方式,让学生们有机会共同探究、相互启发。在合作中,他们不断发现规律、寻找联系,通过探究证明来验证自己的猜想。这种学习方式诱发了学生内在的认知冲突,促使他们更加深入地思考问题,寻找答案。在小组合作的过程中,学生们意识到个人目标与小组目标之间是相互依赖的。通过合作学习,学生们不仅学会了如何与他人协作,更学会了尊重他人、倾听他人的意见。他们意识到,每个人都有自己的长处和不足,只有相互学习、取长补短,才能取得更好的成绩。

问题 3:$(a+b)^n$ 展开式的二项式系数为_____,从函数角度看,C_n^r 可看成是以 r 为自变量的函数 $f(r)$,令 $f(r)=C_n^r$,定义域为_____。

问题 4:当 $n=6$ 时,作出函数 $f(r)$ 的图象,其图象是七个孤立的点。你能作出当 $n=7$ 时函数 $f(r)$ 的图象吗?

问题 5:当 $n=7$ 时,函数 $f(r)$ 的图象是对称的吗? 对称轴在哪儿?

问题 6:(对称性)与首末两端"等距离"的两个二项式系数相等吗? 用公式怎么表示?

```
第0行                    1
第1行                 1  │  1
第2行              1   2 │ 1
第3行           1   3 │ 3   1
第4行         1   4   6 │ 4   1
第5行      ①  ⑤  ⑩ │ ⑩  ⑤  ①
第6行      1  6  15  20  15  6  1
```

也就是每行中与首末两端"等距离"之数相等,即 $C_n^m = C_n^{n-m}$。

证明:左边 $= \dfrac{A_n^m}{m!} = \dfrac{n!}{(n-m)! \times m!} = \dfrac{n!}{m!} \times \dfrac{1}{(n-m)!} = \dfrac{A_n^{n-m}}{(n-m)!}$

$= C_n^{n-m} = $ 右边。

问题 7：每一行的两端都是 1，其余每个数都等于它"肩上"两个数的和，即_____。

也就是说：除 1 以外的数等于肩上两数之和，即 $C_n^m = C_{n-1}^{m-1} + C_{n-1}^m$。

```
第0行              1
第1行             1  1
第2行            1  2  1
第3行          1  3  3  1
第4行         1  4  6  4  1
第5行       1  5  10  10  5  1
第6行     1  6  15  20  15  6  1
```

证 明：右 边 $= \dfrac{(n-1)!}{(m-1)!\,(n-m)!} + \dfrac{(n-1)!}{m!\,(n-1-m)!} =$

$\dfrac{n!\,(m-1)!\,(n-m-1)!}{m!\,(m-1)!\,(n-m)!\,(n-m-1)!} = \dfrac{n!}{m!\,(n-m)!} = C_n^m =$ 左边。

问题 8：(增减性与最大值) 由函数 $f(r)$ 的图象知，二项式系数的前半部分是逐渐_____的，由对称性知它的后半部分是逐渐_____的。(填"增大"或"减小")

问题 9：二项式系数在中间处取得最大值，那么：

(1) 当 n 是偶数时，中间最大的一项的二项式系数是_____，是二项式展开式的第_____项；

(2) 当 n 是奇数时，中间最大的两项的二项式系数是_____和_____，是二项式展开式的第_____项。

【设计意图】为了深化对二项式系数性质的理解，我们引导学生从函数的角度进行探究与论证。在这一过程中，我们着重培养学生运用"几何直观、数形结合、特殊到一般"的数学思想方法解决问题的能力，旨在全面提升他们的数学素养。通过几何直观，学生能够更直观地感受二项式系数的变化与规律,形成直观印象,为进一步的论证与分析奠定基础。数形结合的思想则帮助学生将抽象的二项式系数与具体的图形相结合,使问题变得更加生动具体,便于理解和分析。从特殊到一般的归纳推理方法,则引导学生从个别情况出发,逐步推导出一般性的结论。这种方法不仅锻炼了学生的思维能力,还培养了他们的探究精神和理性精神,使他们能够在面对复杂问题时,从容应对,善于分析。

环节四:生成新知　形成能力

探究 1. $(1+x)^n = C_n^0 + C_n^1 x + C_n^2 x^2 + \cdots + C_n^r x^r + \cdots + C_n^n x^n$,那么 $C_n^0 + C_n^1 + C_n^2 + \cdots + C_n^n = ?$

第0行							1							$1 = 2^0$
第1行						1		1						$1+1 = 2^1$
第2行					1		2		1					$1+2+1 = 2^2$
第3行				1		3		3		1				$1+3+3+1 = 2^3$
第4行			1		4		6		4		1			$1+4+6+4+1 = 2^4$
第5行		1		5		10		10		5		1		
第6行	1		6		15		20		15		6		1	
第7行	1	7	21	35	35	21	7	1						

即证:第 n 行各数的和为 $C_n^0 + C_n^1 + C_n^2 + \cdots + C_n^r + \cdots + C_n^{n-1} + C_n^n = 2^n$。

证明:由二项式定理得

$(a+b)^n = C_n^0 a^n b^0 + C_n^1 a^{n-1} b^1 + C_n^2 a^{n-2} b^2 + \cdots + C_n^n a^0 b^n$,

令 $a=1, b=1$,则 $2^n = (1+1)^n = C_n^0 + C_n^1 + C_n^2 + \cdots + C_n^n$。

探究 2. 试证:$(a+b)^n$ 的展开式中,奇数项的二项式系数的和等于偶数项的二项式系数的和。

即证:$C_n^0 + C_n^2 + C_n^4 \cdots = C_n^1 + C_n^3 + C_n^5 + \cdots$

第0行						1						
第1行					1		1					
第2行				1		2		1				
第3行			1		3		3		1			
第4行		1		4		6		4		1		
第5行	1		5		10		10		5		1	
第6行	1		6		15		20		15		6	1
第7行	1	7		21		35		35		21	7	1

证明:由二项式定理得

$(a+b)^n = C_n^0 a^n b^0 + C_n^1 a^{n-1} b^1 + C_n^2 a^{n-2} b^2 + \cdots + C_n^n a^0 b^n$,

令 $a=1, b=-1$,

则 $0 = (1-1)^n = C_n^0 - C_n^1 + C_n^2 - C_n^3 + C_n^4 - C_n^5 \cdots + (-1)^n C_n^n$,

移项整理可得 $C_n^0 + C_n^2 + C_n^4 + \cdots = C_n^1 + C_n^3 + C_n^5 + \cdots$

探究 3.温故知新,设集合 A 中有 n 个元素,则该集合的子集个数为 2^n 个。请结合本章知识给予解释。

显然即为 $C_n^0 + C_n^1 + C_n^2 + \cdots + C_n^r + \cdots + C_n^{n-1} + C_n^n = 2^n$。

【设计意图】为了使学生更深入地理解二项式系数的性质,指导学生运用赋值法来证明二项式系数的和,并不断加强这一方法的运用。此外,我们还将问题进一步拓展,引导学生探讨奇数项与偶数项的二项式系数和,从而深化对二项式定理的认识。在赋值法的指导下,学生可以通过设定特定的变量值来探究二项式系数的和,分析奇数项和偶数项的二项式系数和。利用组合数的性质,推导出奇数项和偶数项的二项式系数和的表达式,并通过计算验证其正确性。这一过程不仅能够帮助学生加深对二项式定理的理解,还能够培养他们的逻辑思维能力和推理能力。同时,我们还将二项式系数的和与分类加法计数原理和分步乘法计数原理联系起来。通过解释"n 个元素集合的子集个数为 2 的 n 次方"这一结论,学生可以更深入地理解二项式系数和在实际问题中的应用。这种方法不仅有助于学生建立起数学知识之间的联系，还能够提高他们的数学应用意识和解决问题的能力。

环节五：例题引导　互动解决

例 1　已知 $(x^2-1)^n$ 展开式的各项二项式系数和等于 1 024，求展开式中含 x^6 的项。

例 2　(1)已知二项式 $(a+b)^{15}$，比较 $T3$，$T7$，$T12$，$T13$ 各项系数大小，并说明理由。

(2)在 $(a+b)^{20}$ 展开式中，与第五项二项式系数相同的项是(　　)

A.第 15 项　　　B.第 16 项　　　C.第 17 项　　　D.第 18 项

例 3　求 $(1-x)^9$ 的展开式中二项式系数最大的项？系数最大的项？

【设计意图】我们不仅要激发学生的活跃思维，更要引导他们将所学知识应用到实际问题中，并逐渐形成一套模式化的解题思路和方法。这种思维模式的形成，不仅可以提高学生解决问题的效率，还能使他们更加系统化地掌握和应用知识。模式化应用知识的思维意味着在面对不同问题时，学生能够迅速识别问题的本质，并根据已有的知识体系和解题经验，选择合适的方法来解决。这种思维模式的培养，需要学生在大量的练习中不断总结归纳，逐步形成自己的解题套路。

环节六：课堂小结　评价反思

1.二项式系数的性质。

2."杨辉三角"中的规律奥妙无穷，只要大家从不同角度合情推理，用热情和严谨的态度去面对，必能发现更多。

3.课后活动：探究与发现二项式系数的更多奥妙，如高阶等差数列、斐波那契数列、与 11^n 的关系、谢尔宾斯基三角形等。

【设计意图】学生自我总结对于知识的巩固和深化具有重要意义,有助于他们课后进行自我评价。此外,课后活动的安排不仅能使学生在课堂上带着问题学习,更能激发他们在课后继续探索的兴趣,从而逐步培养起课堂内外的探究意识。这样的学习方式有助于培养学生自主研修的习惯,使他们能够主动求知,不断提升自我。

课例评析:

在课前,我们精心组织了一系列学习活动,旨在引导学生深入了解杨辉三角并探究其蕴含的规律。我们借助杨辉三角的数学史知识引入课题,不仅使课堂内容更加自然合理,还融入了数学文化教育,让学生在学习过程中感受到数学的魅力和文化底蕴。通过这一过程,学生不仅能够感受到我国古代数学的辉煌成就和独特魅力,更能激发他们的民族自豪感,增强对中华文化的自信。

通过引导学生自主思考、探索规律,让他们在发现问题、解决问题的过程中不断提升自己的思维能力。此外,我还鼓励学生进行启发联想、合作探究,让他们在交流中碰撞思想,将知识融会贯通。这种教学方式不仅有助于提高学生的学习兴趣,还能培养他们的团队协作能力和创新精神。

本节课注重培养学生的知识应用意识和学习能力,通过引导学生将所学知识应用到实际问题中,让他们在实践中不断巩固和深化对规律的认识。同时,我们还注重培养学生的数学学科核心素养和探究精神,让他们在学习过程中不断挑战自我、超越自我。

在讲授这一课题时,我深刻认识到这个问题不仅蕴含了观察、猜想、归纳等多种思想方法,更是培养学生抽象思维能力的重要素材。考虑到学生已经具备了一定的找规律经验,我们对本节课进行了深入的挖掘和整理。从实际教学效果来看,学生们对探索规律的认识相对清晰,能够运用所学知识进行解答。

为了让学生能够更敏锐地发现规律,接下来我需要对他们在这方面进行进一步的训练,确保学生能够充分思考和探索,从而培养他们的自主学习能力和探究能力。未来我们可以尝试引入更多元化的教学手段,如游戏、实验等,让学生在轻松愉快的氛围中学习和探索。

我们鼓励学生通过小组合作的方式,共同探讨杨辉三角中行与列数字的特点。在这一过程中,学生将积极发现杨辉三角的相关性质,建立起"杨辉三角"与二项式系数之间的直觉联系,并深入探索其中的规律。这种学习方式不仅能够培养学生的团队协作能力,还能促进他们形成研究型学习的习惯和合作化学习的团队精神。通过本节课的学习,学生将能够运用函数观点来分析处理二项式系数的性质,并掌握一些简单的应用技巧。这将为他们今后的数学学习打下坚实的基础,并进一步提升他们的数学素养。

我们致力于培养学生学习数学的乐趣,激发他们的爱国热情。在交流中,学生不仅能够相互学习、共同进步,还能感受到团队协作的力量和乐趣。这将有助于他们形成积极向上的学习态度和价值观,为未来的学习和成长做好充分准备。

综上所述,本节课的设计特征在于将数学文化与数学教学有机结合,注重培养学生的思维能力和实际应用能力,同时关注学生的情感体验和合作精神的培养。这些亮点使得本节课的教学更加生动、有趣且富有成效。

研究性课例设计 2:

《从数学视角研究中国高速公路》教学设计

摘要:这节课采用数学文化融入课堂的方式,引导学生从数学的角度审视中国高速公路的发展。课堂上,学生不仅学习了基本不等式、频率分布直方图等数学知识,还通过实际案例探究了高速公路的速度与油耗、投资利润最大化等实际问题。这一过程不仅提升了学生的数学运算和数据分析能力,更让他们深刻感受到数学在现实生活中的应用价值。通过这节课的学习,学生不仅能够更好地掌握数学知识,还能够增强对数学文化的理解和热爱,为未来的学习和生活奠定坚实的基础。

（一）内容简析

自古以来,人们便渴望以更快的速度跨越山水,连接四方。如今,高速公路以其独特的魅力,成为现代社会中不可或缺的重要交通动脉。而在这背后,是数学这门古老而又充满活力的学科在默默发挥着作用。本节课通过学习基本不等式的运用,我们得以洞察高速公路建设中的最优化问题,探寻投资与效益之间的最佳平衡点。频率分布直方图则为我们揭示了车辆运行数据的内在规律,让我们能够更准确地把握总体趋势,为决策方提供有力的支持。让我们共同踏上一段探寻高速公路的奇妙旅程,这段旅程不仅是一次对道路发展历程的追溯,更是一次对数学知识与现实生活交融的深刻体验。

当我们置身于高速公路这一现实场景中时,不禁会发现,数学并不是遥不可及的抽象概念,而是与我们生活息息相关的实用工具。通过数学建模和逻辑推理,我们能够深入分析汽车速度与油耗之间的关系,为节能减排提供科学依据。同时,我们也能运用数学方法,计算投资利润最大化的投资方式,为经济建设贡献智慧与力量。

在这个过程中,我们不仅提升了自身的数学运算和数据分析能力,更培养了跨学科的综合素质。我们学会了将数学知识与实际问题相结合,用数学语言描述现实世界,用数学方法解决实际问题。这种能力,不仅在数学学科中至关重要,在未来的学习和工作中也同样具有广泛的应用价值。

因此,让我们以更加开放的心态,去拥抱数学这门充满魅力的学科。让我们在探寻高速公路发展历程的同时,也感受数学文化的博大精深。相信在不久的将来,我们一定能够用数学的力量,创造出更加美好的未来。

(二)目标定位

1.了解高速公路的发展历程和规模后,我们不仅要感叹人类文明的飞速进步,更要洞察其中蕴含的数学智慧。会用基本不等式和频率分布直方图求解最值问题和估计总体的集中趋势。

2.通过分析和解决关于高速公路上汽车速度、油耗以及相关经济建设的问题,培养学生的数学建模和逻辑推理的核心素养。

3.认识高速公路的实际应用场景,能够将所学知识应用于实际问题的解决中,具备数据分析的能力。

4.教学重点:熟练掌握中位数、平均数和众数,利用不等式求最值,通过有针对性的教学和练习,帮助学生逐步掌握这些核心技能。

5.教学难点:对频率分布直方图的理解运算。

(三)方法阐释

1.教法阐释

在指导学生运算求解的过程中,我们着力培养学生的数据分析和数学运算能力,让他们领略到数学文化的博大精深。我们鼓励学生将所学知识应用于实际问题的解决中,如计算相关投资利润率最大的投资方式等。

2.学法阐释

通过实践应用,学生不仅能够巩固所学知识,还能够提升数据分析能力。在解决问题的过程中,学生不仅能够加深对数学原理的理解,还能够提升解决实际问题的能力。

(四)教学流程

环节一:创设情境 导入新课

同学们,大家好! 欢迎来到数学课堂,今天我们要学习的内容是从数学视角研究中国高速公路。

情境导入

新中国成立之初,我国能通车的公路仅 8.08 万公里,而且大多数公路质量不佳,施工技术水平差,有很大比例的路是未铺路面的土路。1988 年中国第一条高速公路开通之前,在中国公路网上出行困难重重。总体上可以概括为公路运输效率低、成本高、事故多。中国的高速公路发展历程可以追溯到 20 世纪 80 年代末至 90 年代初。以下是中国高速公路的发展历程和一些相关数据。

1.建设起点:中国第一条高速公路是北京至沈阳的京沈高速公路,于 1988 年开工建设,1993 年全线通车。它标志着中国高速公路建设的起点。

2.起步阶段:20 世纪 90 年代,中国高速公路建设开始加速推进,主要集中在经济发达地区和重要城市之间的交通枢纽。大量高速公路项目相继开工和通车。

3.快速增长:2000 年以后,中国高速公路的建设进入了快速增长阶段。国家出台了一系列政策和计划,鼓励和支持高速公路的建设,使得高速公路里程迅速增加。

4.里程增长:根据 2021 年的数据,中国高速公路总里程达到了约 160 000 公里。这个数字是从 2000 年开始计算的,意味着中国在仅仅 20 多年的时间里就建成了如此庞大的高速公路网。

（中国某城市高速公路一瞥）

首先,高速公路的发展体现了中国的创新精神。中国在高速公路建设方面取得了巨大的成就,不断引进和创新先进的技术和管理模式,中国高速公路的建设采用了许多创新的工程技术。其次,高速公路的发展彰显了中国人民的奋斗精神,中国人民在高速公路建设中付出了巨大的努力和奋斗,不断攻克技术难题,克服困难,为国家的发展做出了重要贡献。再次,高速公路的发展也为中国人民提供了更便捷、安全和舒适的出行条件,提高了人民的生活质量。

高速公路的发展你知道意味着什么吗?

环节二:生成新知建构图式

（一）中国高速公路对出行的便利

情景:1988 年中国第一条高速公路开通到现在高速公路的大量普及,高速公路已经大大方便了人们的出行。京沪高速起点北京,终点上海,全长为 1 219.23 km。高速的最高时速为 120 km/h,而普通公路一般的限速则为 80 km/h。

提问:在高速公路上的一个测速点,仪器记录下过往车辆的行驶速度（单位:千米/时）,分析人员随机选取了 10 个速度数据如下:98,99,102,105,97,86,105,110,95,91。求这组数据的平均数、中位数和众数.其中哪个统计量能较好地反映高速公路上车辆的行驶速度?

思考:求平均数只要求出数据之和再除以总个数即可;找中位数要把数据按从小到大的顺序排列,位于最中间的一个数（或两个数的平均数)为中位数;众数是一组数据中出现次数最多的数据,注意众数可以不止一个。

解:平均数为98.8,中位数为98.5,众数为105。

【设计意图】通过对高速公路行驶速度的收集,巩固和加深学生对众数、中位数和平均数的理解。

变式探究:假设你是一名交通部门的工作人员,你打算向市长报告国家对本市26个公路项目投资的平均资金数额,其中一条新公路的建设投资为2 200万元,另外25个项目的投资是20~100万元,中位数是25万元,平均数是100万元,众数是20万元,请你根据上面的信息给市长写一份简要报告。

预设:为了避免极端值对平均数的影响,可以把新建设的公路项目和另外25个公路项目分开报告,例如公路建设的总投资为2 600万,其中一条新公路的建设投资为2 000万元,其他25项公路的扩建或部分路段的改造项目,他们的投资平均为24万元。

【设计意图】让学生加深掌握对中位数的理解,考查了学生的发散思维能力,学生可从不同角度回答此类问题。

(二)高速公路建设投资

高速公路的建设改善了人们的出行方式,提高了交通效率和交通安全。高速公路的发展更是促进了经济的发展,高速公路网络的建设可以促进地区之间的贸易和经济往来,加强地区间的联系和合作。它可以方便货物的运输,降低物流成本,加快商品流通速度,促进经济的繁荣和发展。更是提供了诸多与高速公路建设和养护相关产业的就业机会,大大促进了我国经济的发展建设。

情境:据交通运输部统计数据显示,2015年以来,我国公路建设投资额整体呈现持续提升走势。2021年,我国公路交通固定资产投资完成额达到 25 995 亿元,同比增长 6.0％;2022 年 1～10 月达到 23 368 亿元,按可比口径,同比增长 9.6％。

探究:某高速公路建设公司计划投资建设 A,B 两种高速公路建设,根据市场调查与预测,A 计划的利润与投资金额 x 的函数关系为 $y=18-\dfrac{180}{x+10}$,B 计划的利润与投资金额 x 的函数关系为 $y=\dfrac{x}{5}$。

(利润与投资金额单位:万元)

(1)该公司已有 100 万元资金,并全部投入 A,B 两种计划中,其中 x 万元资金投入 A 计划,试把 A,B 两种计划利润总和表示为 x 的函数,并写出 x 的取值范围。

(2)怎样分配这 100 万元资金,才能使公司获得最大利润? 其最大利润为多少万元?

思考:(1)将两个计划的利润相加,求得利润总和的表达式。

(2)对函数表达式化简后,根据基本不等式,求得最大值,再根据基本不等式等号成立的条件,求得此时的值。

解:(1)已知 x 万元资金投入 A 计划,则剩余的 $(100-x)$ 万元资金投入 B 计划,设利润总和为 y,

则 $y=18-\dfrac{180}{x+10}+\dfrac{100-x}{5}=38-\dfrac{180}{x+10}-\dfrac{x}{5}(x\in[0,100])$。

(2)因为 $y=40-\dfrac{x+10}{5}-\dfrac{180}{x+10}(x\in[0,100])$,

所以由均值不等式得

$$y\leqslant 40-2\sqrt{\dfrac{x+10}{5}\cdot\dfrac{180}{x+10}}=40-12=28,$$

当且仅当 $\dfrac{x+10}{5}=\dfrac{180}{x+10}$,即 $x=20$ 时获得最大利润 28 万元。

此时投入 A 计划 20 万元,B 计划 80 万元。

答：(1)$y=18-\dfrac{180}{x+10}+\dfrac{100-x}{5}=38-\dfrac{180}{x+10}-\dfrac{x}{5}\ (x\in[0,100])$；

(2)当投入 A 计划 20 万元，B 计划 80 万元时，利润最大为 28 万元。

【设计意图】让学生深入了解高速公路的投资规模，了解高速公路发展的迅速，同时让学生学习均值不等式判断方程的最值问题。

变式探究：高速公路服务区内拥有很多商店，其中商店内某商品进货价为每件 50 元，据市场调查，当销售价格每件 x 元（$50\leqslant x\leqslant 80$）时，每天销售的件数为 $P=\dfrac{10^5}{(x-40)^2}$，若想每天获得的利润最多，则销售价为多少元？

解：由题意得利润 $S=(x-50)\cdot\dfrac{10^5}{(x-40)^2}$

$=(x-50)\cdot\dfrac{10^5}{[(x-50)^2+20(x-50)+100]}$

$=\dfrac{10^5}{\left[(x-50)+\dfrac{100}{(x-50)}+20\right]}$。

因为 $x-50\geqslant0$，

所以 $(x-50)+\dfrac{100}{(x-50)}\geqslant20$，所以 $S\leqslant\dfrac{10^5}{20+20}=2\ 500$，

当且仅当 $x-50=\dfrac{100}{x-50}$，即 $x=60$ 或 $x=40$（不合题意，舍去）时，利润 S 取得最大值，

所以若想每天获得利润最大，则销售价为 60 元.

(三)高速公路绿化的养护

情景：在高速公路上都有着绿化带，而绿化带的主要作用都是为了安全，还可以缓解视觉疲劳。所以在高速公路上绿化带也是一个重要的组成成分。而绿化带每年也需要一笔不菲的养护费用。某段

高速公路 1 000 米绿化带的养护费用频率分布直方图如图所示,其中费用分组区间是 $[50,60),[60,70),[70,80),[80,90),[90,100]$.

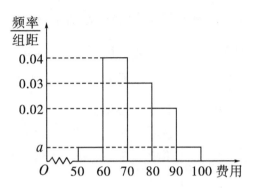

(1)求图中 a 的值;

(2)根据频率分布直方图,估计这 1 000 米绿化养护的平均费用;

(3)若养护费用在区间 $[72,88]$ 上的绿化水平评为良好,在 88 分以上的评为优秀,试估计该段高速公路约有多少米的高速公路绿化水平可评为良好?多少评为优秀?

解:(1)由频率分布直方图可知

$(2a+0.02+0.03+0.04)\times10=1$,解得 $a=0.005$。

(2)由频率分布图可得该段高速公路的绿化养护的平均费用为

$55\times0.05+65\times0.4+75\times0.3+85\times0.2+95\times0.05=73$。

(3)养护费用在区间 $[72,88]$ 的米数约为

$1\,000\times(8\times0.03+8\times0.02)=400$,

绿化水平评为优秀的米数约为

$1\,000\times(2\times0.02+10\times0.005)=90$,

所以评为良好的约为 400 米,评为优秀的约为 90 米。

【设计意图】让学生体会高速公路维护的不容易,让学生更加珍惜当前美好的学习环境,努力学习,同时让学生掌握频率分布直方图

的相关内容,了解频率分布直方图的相关求解。

变式探究:随着社会的发展,科技的发展也在不断推动社会发展,科技的发展不仅仅改变了人们的生活方式,也改变了社会的发展方向。社会的发展离不开科学技术的进步。再经过探索研究,该公司对绿化的养护进行更加科学合理的改进,得到了更加节能降耗的方案,每米的养护费用得到了有效地减少。

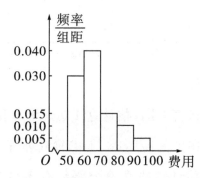

根据频率分布直方图,估计这 1 000 米绿化养护的平均费用。相比原先的平均费用节省了多少钱?

解:由频率分布直方图可得该段高速公路的绿化养护的平均费用为 $55 \times 0.3 + 65 \times 0.4 + 75 \times 0.15 + 85 \times 0.1 + 95 \times 0.05 = 67$,

所以 $73 - 67 = 6$。

答:平均费用为 67,比原先节省了 6。

【设计意图】让学生体会科技进步对于社会发展的重大作用,激发学生学习的动力,深入了解频率分布直方图的相关求解。

环节三:提升迁移　解决问题

中国交通的快速发展对高中生具有重要的启示作用。我们应该珍惜交通的发展成果,学会合理选择和规范自己的出行行为。同样,我们也应该关注交通行业的现状和发展,积极参与其中,为交通事业做出贡献,同时也为自己的未来发展打下良好的基础。

高速公路不仅仅是速度和经济的体现,更体现了科技的进步。中国在高速公路建设中不断引进和应用先进技术,例如智能交通系统、电子收费系统、高速公路监控设备等。这些技术的应用提升了高速公路的运营效率和安全性。高速公路的发展进步是国家发展的缩影。

中国近代百年的巨变对青少年有很多启示,包括强盛意识、民族团结、科技创新和民主法治等,这些启示对青少年进行爱国主义教育、道德教育、科技教育和法治教育都有着重要的指导意义,可以帮助青少年更好地为祖国的繁荣和发展贡献力量。中华人民共和国成立以来,中国高速公路从无到有,从弱到强,经历了艰难曲折的奋斗历程。中国高速的发展彰显了在中国共产党的领导下,高速公路的相关人员不屈不挠的坚强意志和自立自强的创新精神。

从数学的角度思考,作为一名高中生,如何看待中国高速公路呢?

了解中国高速公路的发展史,知道中国高速公路的速度以及相应的总路程。在了解速度与油耗的关系后,能够算出如何开车油耗最少。

知道高速公路的规模大小,了解中国的发展速度,发现祖国伟大之处。了解投资中的数学问题,了解资金分配使利润最大化的原理。

努力学好数学知识,树立远大理想。

发扬探索求知精神,善于使用逆向思维思考问题,用知识武装自己,随时准备为国家发展贡献自己的力量。

环节四:课堂小结

某地 200 辆车辆的路段行驶速度数据频率分布直方图如图所示,其中速度分组区间是 $[70,80)$、$[80,90)$、$[90,100)$、$[100,110)$、$[110,120)$。

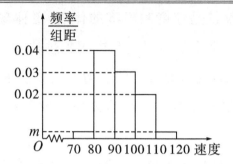

(1)求图中 m 的值；

(2)根据频率分布直方图,估计这 200 辆车辆的平均速度(同一组中的数据用该组区间的中间值作代表)和中位数(四舍五入取整数)。

解:(1)由 $10\times(2m+0.02+0.03+0.04)=1$,

解得 $m=0.005$。

(2)频率分布直方图中每一个小矩形的面积乘底边中点的横坐标之和即为平均数,即估计平均速度为

$0.05\times75+0.4\times85+0.3\times95+0.2\times105+0.05\times115=93$。

设中位数为 x,

则 $0.005\times10+0.04\times10+0.03(x-90)=0.5$,

解得 $x\approx92$。

答:(1)$m=0.005$;(2)平均速度约为 93,中位数约为 92。

某地区为山地地区,其中高速公路建设困难,需要打通山体建设隧道,而修建隧道的成本也是很大的,每公里隧道的修建成本可能在几千万到数十亿之间。如图是一个修建成本样本数据的频率分布直方图,根据频率分布直方图,解答下列问题:

(1)求图中 x 的值;

(2)根据直方图,估计数据的众数和平均数(写出估计值、主要估计依据和方法)。

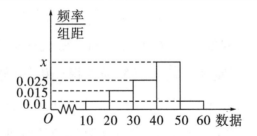

解：（1）根据频率和为 1，得

$(x+0.01+0.015+0.025+0.01)\times10=1$，解得 $x=0.04$。

（2）根据直方图中最高矩形的中点，估计数据的众数是 $\dfrac{40+50}{2}$

$=45$。

以直方图每个小矩形面积乘小矩形底边中点的横坐标的积的和，估计平均数为：

$(15\times0.01+25\times0.015+35\times0.025+45\times0.04+55\times0.01)\times$

$10=37.5$。

课例评析：

本节课设计为"研究性学习课题"，旨在通过一种全新的学习方式，引领学生深入探索数学中的奥秘。课程伊始，我们首先观看中国高速公路取得的举世瞩目的巨大成就，再引出中国高速公路精神，激发学生的学习兴趣和好奇心，引导他们渴望了解更多关于中国高速公路的知识。

我们设计了一系列问题，巧妙地将数学文化融入课堂，让学生在复习基本不等式、频率分布直方图等数学知识的同时，还复习了统计学当中的特征数，并灵活运用均值不等式求利润的最值，深刻体验了数学的魅力。

首先，我们以高速公路建设为引子，引导学生从数学文化视角去审视这一庞大而复杂的工程。通过实际案例，老师让学生复习了基本不等式的应用,并巧妙地将均值不等式与利润最大化问题相结合,让学生在解决实际问题的过程中,深化对不等式的理解。

接着,我们通过高速公路车流量的数据分析,引导学生复习频率分布直方图的绘制方法和解读技巧。学生在这一过程中不仅复习了直方图的知识,还学会了如何运用特征数来描述数据的分布特点,进一步提升了数据分析能力。

综上所述,《从数学视角研究中国高速公路》这节课是一次成功的数学教学实践。它巧妙地将数学文化与数学知识相结合,让学生在复习知识的同时,感受到数学的魅力和价值,这样的教学方式值得我们深入学习和借鉴。通过本节课的学习,学生不仅能够收获知识,更能够在情感和能力上得到全面的提升。我们相信这样的研究性学习课题将为学生未来的数学学习和发展奠定坚实的基础。

研究性课例设计 3:

《斐波那契数列与黄金分割》教学设计

摘要:本节课以数学文化为纽带,通过揭示斐波那契数列背后的历史渊源,让学生领略到数学与自然、艺术的和谐统一。课堂上,引导学生探究数列的性质与黄金分割的美学价值,感受数学在生活中的广泛应用。这种教学方式不仅丰富了教学内容,更激发了学生的学习兴趣,让他们在探究中领略数学文化的魅力,提升数学素养。

（一）内容简析

本节课选自人教版《普通高中教科书·数学 A 版》选择性必修第二册第四章第一节中的阅读与思考,是学生在学习完数列后安排的一节思维发散的课程。这节课不仅是数列知识的自然延伸,更是数学文化融入课堂的典范。通过探究斐波那契数列的奥秘,学生能深入理解数列的递推规律与性质。同时,黄金分割的美学价值与应用让学生领略数学与艺术的交融之美。本节课的设计旨在培养学生的逻辑思维能力和审美意识,为后续的数学学习奠定坚实基础,同时让学生深刻感受到数学文化的博大精深。

(二)目标定位

1.经历斐波那契数列的发现过程,发现其特点,研究其性质,培养学生发现问题、提出问题、分析问题、解决问题的能力,发展学生的数学运算、数学抽象与逻辑推理素养。

2.通过对植物花瓣发散角的研究以及黄金分割比在日常生活中的应用介绍,激发学生的学习兴趣,体会黄金分割比与自然和生活的联系,提高学生的数学文化素养。

达成目标 1 的标志是学生能够分组合作,通过观察、验证部分项之间的关系,猜想出斐波那契数列的某些性质,得到斐波那契数列的数学之美。达成目标 2 的标志是学生知道了黄金分割比与自然和生活的关系,知道数学是现实的、有用的,认识到数学的应用价值、文化价值和审美价值。

这节课利用极限的思想得出黄金分割比,利用从特殊到一般的思想得出与斐波那契数列相关的一系列有待于进一步证明的猜想,这些方法都是探究数学问题时常用的方法,充分体现了数学问题的研究途径,旨在引导学生用数学的眼光观察现实世界,用数学的思维思考现实世界,用数学的语言表达现实世界。

3.基于上述分析,确定本节课的教学重点为:理解斐波那契数列的产生过程及斐波那契数列的递推关系;感受黄金分割比在生活中的美及其应用价值。教学难点为:启发、引导学生猜想出斐波那契数列的某些性质。

（三）方法阐释

1.教法阐释：

本节课的内容主要是初步认识斐波那契数列及其简单的性质与应用，目的是发散学生的思维、扩大学生的视野、感受数学在生活中的联系、体会数学的价值，所以本节课以微课、视频欣赏、Excel等信息技术为辅助手段，以"发现问题、提出问题、分析问题、构建数列模型、求解结论、解决实际问题"为主线，以学生为中心，以活动为载体，采用启发式的教学方法，让学生在获得基础知识、基本技能、基本思想、基本活动经验的同时，激发学习兴趣，并且本节课在最后设计了分层课后作业，满足不同层次的学生的需求。

2.学法阐释：

本节课从知识层面上来看，学生已经学习了数列的概念、等差数列、等比数列，对数列的研究有了一定的经验，了解"特殊到一般""极限"等研究方法，能够探究较为基础的数列问题。从能力层面上来看，学生从数列中抽象出性质的能力还不算太强，只能通过验证某几项，猜想出较为基础的、有待于进一步证明的运算规律，进行不了更深层次的探究，需要教师进一步的引导。从数学文化知识层面来看，学生对于斐波那契数列的了解不多，对于黄金分割比的了解也仅仅停留在0.618，不过文化知识的不足可以由学生课后查阅资料自行补足。

（四）教学流程

教师：在前面几节课的学习中，我们一起研究了两类特殊的数列——等差数列和等比数列，探索了它们的取值规律，建立了通项公式、前 n 项和公式，并运用等差、等比数列解决了实际问题和数学问题，体会到了数列强大的魅力所在。那么今天，我们将一起认识一个新的数列，通过这个数列我们再次来感受一下数学的美，体会一下数学的智慧。

环节一:回顾历史　溯斐波那契数列之源

教师:两百年来,一直有人说这个数列是一组自然界的密码,是宇宙中不可泄漏的天机,它告诉我们世间万物皆由上天安排,斐波那契数列从何而来? 它到底揭示了什么秘密? 我们从头说起。

时间要回溯到 1195 年左右,一位叫斐波那契的意大利小伙子,跟着父亲在北非经商,那个时候的阿尔及利亚地区被奥斯曼帝国统治,流行的是阿拉伯文化,斐波那契突然发现,阿拉伯人的数学太厉害了,于是他请阿拉伯数学家教他数学,几年之后,斐波那契学成回国,他把他的数学知识写成了一本书,于 1202 年出版,名叫《计算之书》,其中最精彩的一页之一介绍了一个数列,就是神秘的斐波那契数列。

【设计意图】以数学史为引,带领学生探寻斐波那契数列的奥秘,不仅激发了学生的学习兴趣,更在无形中传承了数学文化的精髓。这种融数学史于教学的方式,既丰富了课堂内容,又加深了学生对数学的理解与热爱,实现了教学效果的优化。

环节二:理性思考　明斐波那契数列之意

活动一:如果一对兔子每月能生一对小兔子(一雄一雌),而每一对小兔子在它出生后的第三个月里,又能生一对小兔子,假定在不发生死亡的情况下,由一对初生的小兔子开始,1 年后会有多少对兔子?

时间/月	1	2	3	4	5	6	7	8	9	10	11	12	...
初生兔子/对	1												...
成熟兔子/对	0												...
兔子总数/对	1												...

师生活动:老师解读题目要求,带领学生分析并填写到第 3 个月,学生自主完成表格中后面 8 个月的填写。(找一名同学在白板上填写)

【设计意图】学生独立思考,深入体验斐波那契数列的生成过程,不仅锻炼了逻辑推理能力,更在无形中领悟了数学文化的魅力。数列的递推规律、美学价值与应用,都体现了数学与自然的和谐统一,让学生在探索中感受数学之美。

问题1:我们现在将得到的兔子的总数单独拿出来,那么在数学当中,像这样按照一定次序排列的一列数,就叫做什么?

学生:(预设)数列。

问题2:请同学们仔细观察,你有没有发现这个数列有什么规律?

学生:(预设)从第三项开始,每一项都等于前两项之和。

追问:你能用严谨的数学符号语言来描述这个规律吗?

学生:(预设)$\begin{cases} a_n = a_n - 1 + a_n - 2 (n \geq 3); \\ a_1 = a_2 = 1。 \end{cases}$

【设计意图】通过精心设置问题串,引导学生逐步揭示斐波那契数列的递推奥秘,并用数学符号语言精准表达。这一过程不仅培养了学生的递推意识,更让他们深刻体验了数学抽象的力量,感受数学文化的博大精深与无穷魅力。

教师:这是一个由递推公式给出的数列,由于是斐波那契第一个发现的,所以我们称之为斐波那契数列,数列中的每一个数都叫做斐波那契数。

【设计意图】在环节二中,学生通过理性思考,从兔子繁殖问题中探寻出斐波那契数列的奥秘,进而总结出递推公式。这一探索过程不仅培养了学生的逻辑思维,更让他们深刻感受到数学文化中的智慧与魅力,为后续研究奠定了坚实基础。

环节三:分组合作 探斐波那契数列数学之美

教师:现在我们站在巨人的肩膀上来研究一下斐波那契数列的

数学之美,除了递推关系,斐波那契数列还有哪些性质呢? 老师先给大家一种计算方式,这也是前面的数学家探究过的问题。

活动二:计算斐波那契数列相邻项的比值,你能发现什么规律?

师生活动:利用事先设置好的 Excel 表格,计算出斐波那契数列的前 15 项中前项与后项的比值以及后项与前项的比值。

【设计意图】教师抛砖引玉,引领学生探索斐波那契数列的计算奥秘,渗透数学研究之法。这一环节不仅培养了学生的探究精神,更让他们在探索中领略数学文化的深厚底蕴,为后续分组合作探究奠定了坚实的基础。

问题 1:仔细观察,大家发现了什么规律吗? 哪位同学可以说一下?

学生:(预设)随着项数的增大,后一项与前一项的比值越来越接近 1.618,前一项与后一项的比值越来越接近 0.618。

追问 1:非常好! 我们通过数列前 15 项的验证,猜测随着项数的增大,两个比值会无限的逼近 0.618 和 1.618,这是数学里面的一种什么思想?

学生:(预设)极限的思想。(教师板书)

追问 2:非常好! 你知道 0.618 和 1.618 还有一个名字叫什么吗?

学生:(预设)黄金分割比。(教师板书)

【设计意图】极限思想,这一深邃的数学智慧,引领我们探寻黄金分割比的奥秘。通过这一思想,我们培养了学生数据分析的核心素养,让他们在数据的海洋中洞察真理,感受数学文化的博大精深与无尽魅力。

教师:我们在刚刚得到的两个性质中,接触到了加、减、除三种运算方式,其实数学中的运算方式还有乘、乘方、开方等,这都是我们研究数字规律的方法。现在老师给大家时间,还是这个斐波那契数列,请同学们以小组为单位仔细观察,大胆猜想,再通过计算去验证,看哪个小组还可以发现斐波那契数列其他的数学之美。每个小组可以派一名代表展示探究结果。

活动三:请同学们分组讨论斐波那契数列其他的数学之美。

师生活动:学生上台展示探究结果,教师辅助验证并板书。

【设计意图】我们鼓励学生发散思维,依据老师提供的思路大胆猜想,让他们在逻辑推理的海洋中自由遨游。这一过程不仅培养了学生的逻辑推理核心素养,更让他们深刻感受到数学文化的独特魅力与智慧。

问题2:几位同学都是通过观察、计算、验证斐波那契数列的前面一些项得到了一些运算性质,这又是我们数学学习中非常重要的什么数学思想?

学生:(预设)归纳猜想。(教师板书)

追问1:非常好!既然是猜想,那就有可能是正确的,也有可能是错误的,同学们有什么方法证明这些性质的正确与否吗?

学生:(预设)可以用数学归纳法证明。

教师:非常好!这就是我们今天的第一项作业,请同学们课后用数学归纳法严格的证明我们找到的三个数学之美,证明它们是否对所有的 n 都成立。

【设计意图】教师大胆放手,学生小组自主归纳猜想,激发探知动力,深度体验探索之旅。这一过程不仅优化了思维品质,更让学生领略数学文化的智慧之美,提升了逻辑推理的核心素养,让数学之旅更加精彩纷呈。

环节四:回归自然　知斐波那契数列自然之美

教师:刚才我们得到了很多斐波那契数列的数学之美,其实斐波那契数列不仅仅有数学美,它还被称为自然的密码,我们继续来感受一下斐波那契数列的自然美。

师生活动:根据植物中向日葵的两种螺旋线的条数、植物发散角的微课介绍,体会植物与斐波那契数列的关系。通过鹦鹉螺的螺旋结构,体会动物与斐波那契数列的关系。最后,欣赏视频,动态的感受自然界中动植物与斐波那契数列的联系,体验斐波那契数列的自然之美。

【设计意图】斐波那契数列的奥秘存在于大自然的动物、植物中。它展现了自然界中的美与和谐,拓宽了学生的视野,增进了对数学的深入理解。这一探索过程,让学生深刻感受到数学文化的博大精深,提升了数学教学的品质,让数学与自然和谐共生。

环节五:品味鉴赏　析斐波那契数列生活之美

教师:自然界中,植物生长选择了最美的方向,动物进化也选择了最美的方向,可见自然万物都是热爱美的,而 0.618 就是一个美的源泉,所以我们人类在设计各种东西的时候,都自觉或者不自觉地选择了它。

师生活动:欣赏黄金分割比在生活中的应用价值,包括艺术品、建筑、信用卡、五角星、优选法等。

【设计意图】斐波那契数列,从植物到动物,再到人类,层层递进,展现了数学与生活的紧密联系。它让数学不再是抽象的符号,而是变得生动而有用。这一探索过程,不仅扩展了学生的思维,更让他们深刻感受到数学在生活中的价值,体验到数学文化的魅力与智慧。

环节六:课堂小结　凝课堂之髓

教师:本节课的最后,我们来回顾一下我们这节课所学习的内容,我们最初根据假想生活中兔子的繁殖问题,得到了斐波那契数列,对数列进行了研究,根据研究结果可以去解决更多的实际问题,整节课其实就是数学建模的过程,数学建模可以让一个纯粹的数学家变成物理学家、经济学家甚至生物学家。希望同学们把今天所学的知识运用到你们的生活中去,发现生活中的美,并且把这样的美应用到我们的工作、学习和创作当中。

【设计意图】老师总结本节课的几个重要的环节:在实际情境中从数学的视角发现问题、提出问题、分析问题、构建数列模型、求解结论,最终解决实际问题,这就是数学建模。升华本节课的主题,培养学生数学建模的核心素养。

环节七:课堂小测　评学生之学

复习巩固:

1.共有 12 级台阶,王老师每步可以迈 1 级或者 2 级台阶。

(1)王老师上楼一共可以有多少种不同的走法?类比活动一研究问题的方法,完成下面的表格:

到达位置	1	2	3	4	5	6	7	8	9	10	11	12
最后一步只跨1级	1	1										
最后一步跨2级	0	1										
总计方法数	1	2										

（2）如果将到达每一个位置的方法总数看成是数列$\{a_n\}$，请总结出$\{a_n\}$的递推公式。

综合应用：

2.用数学归纳法证明活动三中发现的数学之美。

拓广探索：

3.合作探究，建立斐波那契数列通项公式和前n项和公式。

4.搜集优选法的相关资料，探索其在工业中的相关应用。

【设计意图】以教材课后习题模式为蓝本，将作业分为三个层次，巩固学生所学知识的同时，深化课堂，开拓学生的视野，提高学生独立思考能力和逻辑思维能力。

（五）板书设计

斐波那契数列与黄金分割比 一、斐波那契数列 二、黄金分割比（极限思想） 1.618∶1或0.618∶1 三、数学之美（归纳猜想） （1）（2）（3）	多媒体演示	小组展示1： 小组展示2：

【设计意图】左边板书凝聚着本节课的精华所在，犹如数学世界的指南针，引领学生深入探索。而右边板书则是一片广阔的天地，等待着学生发挥创意，书写属于他们的数学故事。这样的布局，既突出了教学重点，又给予了学生充分的发挥空间，让课堂充满活力与创意。

课例评析：

本节课是一节数学研究性学习课，凸显了学生在课堂上的主体性和实践性，旨在培养学生的创新能力和解决实际问题的能力，与核心素养下对数学教学的要求高度契合。在教学中,我们赋予了学生充分的自主探索与展示的空间,让他们在斐波那契数列的探究之旅中,深刻感受数学的魅力与乐趣。

斐波那契数列,这一数学领域的璀璨明珠,对学生来说是一个全新的概念。为了让学生更好地领略其风采,我们特别注重数学文化的融入。在介绍斐波那契数列时,我们不仅详细阐述了其数学性质,更深入挖掘了它所蕴含的美学价值。通过展示黄金分割比在自然界和艺术创作中的奇妙应用,我们让学生深刻感受到数学与生活的紧密联系,从而激发他们的学习热情。

本节课旨在拓展学生的视野与思维,为后续的深入学习奠定坚实基础。我们精心设计了一系列活动,让学生在轻松愉快的氛围中探索斐波那契数列的奥秘。相较于正课而言,本节课的难度适中,既保证了学生的学习效果,又为他们留下了足够的思考空间。

我们深知,数学不仅仅是公式和计算,更是逻辑和思维的训练。因此,在教学过程中,我们始终关注学生的理解程度和思维过程,确保他们能够真正掌握并灵活运用所学内容。同时,我们将数学文化巧妙地融入其中,让学生在感受数学魅力的同时,也能够领略到数学文化的独特韵味。

合作探究是本节课的一大亮点。通过小组合作,学生们共同探索、交流心得,不仅促进了知识的共享,更提升了他们的内生力。在思考和交流的过程中,学生们不仅加深了对知识的理解,更培养了他们的团队协作精神和解决问题的能力。

感悟数学文化、提炼数学思想、积累思维经验,是形成和发展数学核心素养的重要途径。本节课中,我们引导学生深入感悟数学文化的魅力,提炼数学思想的精髓,积累解决问题的思维经验。通过不断的实践和反思,学生们逐渐形成了自己的数学核心素养,为未来的学习和生活奠定了坚实的基础。

总之,本节课是一次数学与文化的完美结合,让学生在探索斐波那契数列的过程中,不仅掌握了数学知识,更感受到了数学文化的独特魅力。这样的教学方式,不仅提升了学生的数学素养,更激发了他们对数学学习的热爱和追求。

三、高考命题设计案例

(一)高考命题中融入数学文化的解读

近年来,高考题目中数学文化的融入愈发显著,彰显了对数学文化的深刻重视。以2022年全国卷、新高考卷、北京卷为例,我们不难发现数学文化在其中的广泛体现。由于高考中展现数学文化的函数主线题目相对稀少,我们特此对所有体现数学文化的题目进行了深入分析,我们不逐一展示题目,而是对相关试题进行解释与分析,旨在更为简洁而深刻地揭示数学文化在高考中的独特魅力与价值。

1. 全国甲卷

在全国甲卷的文科和理科试题中,第2题均巧妙融入了数学文化元素,将数学与现实生活紧密相连。题目以垃圾分类为背景,结合统计知识,要求考生对居民填写的垃圾分类知识问卷进行整理分析。这不仅强调了垃圾分类的重要性,也贯彻了"保护环境,绿水青山就是金山银山"的环保理念。

文科第6题则以抽卡片这一日常活动为载体,考查概率知识。这种题目形式贴近学生生活,增加了亲切感,也提醒学生生活中处处可见数学的影子,要善于从数学的角度观察与思考。

文科第17题则以两家公司的长途客车运营情况为背景,将数学与现实生活相结合。这一题目与学生出行密切相关,旨在引导学生用数学的眼光观察现实世界,同时融入守时的原则,让学生意识到准时的重要性。

文科第 19 题则从综合实践活动中设计的包装盒出发,抽象出立体图形。这一题目暗示了综合实践活动的重要性,鼓励学生多动手、多实践、多创新,并用数学的眼光看待生活中的事物,用数学知识与方法解决实际问题。

在理科试题中,第 8 题复制式地运用了数学史知识,通过沈括《梦溪笔谈》中谈到的"会圆术"计算圆弧长度,不仅拓展了学生的见闻,还考查了学生的阅读理解能力,同时让学生深刻体会到古人的智慧。

理科第 19 题则以体育比赛为背景考查概率知识,将数学与现实生活相结合。这一题目暗示了体育锻炼的重要性,让学生在感受体育运动的魅力的同时,也能体会到其中蕴含的数学知识,进一步感悟数学的价值。

2. 全国乙卷

在全国乙卷的文科试题中,第 4 题将数学与现实生活紧密结合,以两位同学 16 周的课外体育运动时长为背景,通过绘制茎叶图考查统计与概率知识。这一题目不仅强调了体育运动的重要性,还鼓励学生坚持锻炼,用数学语言记录并评估自己的运动成果,引导他们用数学语言表达现实世界。

文科第 14 题和理科第 13 题则围绕"社区服务工作"展开,体现了数学与现实生活的紧密联系。题目通过涉及社区服务工作,唤起学生的爱心和社会责任感,鼓励他们积极参与社会服务工作和志愿活动,积极投身社会实践,为构建和谐社会贡献自己的力量。

在文科和理科的第 19 题中,以植树造林和环境治理为背景,融入了数学文化元素。这一题目不仅强调了"绿水青山就是金山银山"的环保理念,还展现了我国在环保事业上的努力和成果。通过这一题目,使学生深刻认识到保护环境的重要性,并鼓励他们从日常生活中的小事做起,为环保事业贡献自己的力量。

理科第4题则涉及数学与科学技术的交叉领域,以嫦娥二号卫星与地球绕日周期的关系为背景,考查数列知识。这一题目凸显了我国在航空航天领域取得的重大成就,激发了学生的民族自豪感和文化自信。

此外,理科第10题以下棋为背景,融入了数学与人文艺术的元素。题目通过考查概率知识,暗示学生可以学习下棋来锻炼思维、陶冶情操、提升文化素养。这一题目不仅体现了数学的广泛应用性,还展现了数学与人文艺术的紧密联系。

3.新高考卷

新高考Ⅰ卷的第4题,巧妙地将数学与科学技术相结合,以南水北调工程为背景,涉及水库水位和海拔高度等实际数据。这一题目不仅展示了科技的力量对我们生活的巨大贡献,还鼓励学生刻苦学习,运用所学知识解决现实生活中的问题。同时,它也提醒我们要珍惜水资源,养成节约的好习惯。

新高考Ⅰ卷第20题则聚焦于医学领域,以研究一种地方性疾病为背景,考查概率相关知识。这一题目旨在引导学生了解预防疾病的重要性,并鼓励他们养成良好的生活习惯。通过展示调查过程和处理数据的方法,融入调查实践,有效考查了学生的数据分析素养。

新高考Ⅱ卷的第3题,将数学与人文艺术相结合,探讨了古建筑中的数学元素。这一题目让学生深刻体会到建筑中的美学,以及数学知识在建筑中的巧妙应用。它不仅能激发学生的学习兴趣,展现数学的广泛用途,还能让学生感受到古人的智慧。同时,这些专有名词也有助于提升学生的阅读理解能力和逻辑推理素养。

新高考Ⅱ卷第5题则以"文艺汇演"站队为背景,融入了数学与人文艺术的元素。这一题目鼓励学生丰富课余生活,积极参与文艺活动,挖掘自身多方面的才能。学校也可多组织相关活动,以提升学生的文化素养,促进学生的全面发展,这与当前的"双减"政策相呼应。

最后,新高考Ⅱ卷的第19题涉及流行病学研究内容,虽然看似深奥,但实际上与每个人的生活息息相关。这一题目让学生了解疾病在年龄中的分布情况,并学会通过数据分析得出结论,从而提升数据分析素养。

4.北京卷

北京卷的数学试题同样展现了数学与现实生活的紧密联系。第7题将数学与科学技术巧妙结合,以北京冬奥会中的"冰丝带"制作为背景,涉及制冰这一化学研究范畴。这一题目不仅体现了学科间的深度融合,还鼓励学生用数学思维思考问题,养成跨学科学习的习惯。同时,它也引导学生关注国家大事,增强社会责任感,成为有担当的公民。

第18题则以"校运动会"中的铅球比赛为背景,考查统计与概率模块的知识。这一题目将数学与现实生活紧密相连,让学生在熟悉的场景中运用数学知识,提升数据分析素养。同时,它也暗示了体育锻炼的重要性,提醒学生关注运动中的数学,深刻体会数学的无处不在。

北京卷的数学试题不仅注重知识的考查,还注重培养学生的思维能力和社会责任感。这些题目让学生深刻认识到数学在现实生活中的应用价值,激发了他们学习数学的兴趣和热情。

(二)数学文化融入命题的时代要求

《2023年高考数学全国卷评析》明确指出,高考试题充分展现了新时代基础教育课程理念,切实贯彻了考试评价改革和高中育人方式改革的要求。试题全面检验了学生在数学抽象、逻辑推理、数学建模、直观想象、数学运算和数据分析等核心素养方面的掌握情况,同时凸显了基础性、综合性、应用性和创新性的考查特点,强调了理性思维的重要性,进一步发挥了数学学科在人才选拔中的关键作用。

在高中数学命题中巧妙地融入数学文化,不仅能够提升学生的数学素养,还能显著增强他们的逻辑思维能力与审美情感。通过融入数学文化,学生能够更加深入地理解数学的本质和价值,进而增强对数学学习的兴趣与热情。同时,数学文化的渗透也有助于培养学生的创新精神和批判性思维,使他们在解决问题的过程中形成独特的思维模式。

为了让学生更好地感受数学的魅力,我们可以选取数学史上的经典问题或重要事件作为命题的背景材料。例如,在平面几何命题中,可以引入欧几里得的几何公理体系,让学生在解决问题的过程中深刻体会几何学的严谨性和逻辑性。此外,数学思想作为数学文化的核心,通过精心设计命题,我们可以引导学生去发现和掌握这些思想。例如,在函数命题中,可以融入函数与方程的思想,帮助学生在解题过程中深入理解变量之间的关系,掌握代数运算的基本方法。

同时,数学还具有独特的美学价值。通过命题的设计,我们可以展现数学的美,引导学生去欣赏和感受。例如,在解析几何命题中,可以引导学生去观察曲线的对称性和和谐性,从而体会数学中的形式美和结构美。这样,学生不仅能够提升数学能力,还能在欣赏数学美的过程中培养审美情感,实现全面发展。

总之，高中数学命题中融入数学文化，不仅能够提升学生的数学素养和逻辑思维能力，还能培养他们的创新精神和审美情感。通过选取经典问题、引入数学思想、展现数学美等方式，可以让学生在解决问题的过程中深入理解数学的本质和价值，增强对数学学习的兴趣和动力，为未来的学习和生活奠定坚实的基础。在高中数学命题中融入数学文化需要注意几点：

1. 保持命题的科学性和准确性

在融入数学文化的过程中，要确保命题的科学性和准确性，避免出现错误或误导性的内容。命题应基于数学原理和事实，避免主观臆断和随意编造。

2. 注重命题的实用性和趣味性

命题的设计应与学生的生活实际和兴趣爱好相结合，注重实用性和趣味性。通过贴近生活的例子和有趣的问题，可以激发学生的学习兴趣和探究欲望，提高他们的学习积极性。

3. 控制命题的难度和深度

在融入数学文化的同时，要注意控制命题的难度和深度，确保符合学生的认知水平和能力范围。过难或过深的命题可能会使学生感到困惑和挫败，影响学习效果。

4. 强调数学文化的传承与创新

在融入数学文化的过程中，既要注重传承数学文化的精髓，又要鼓励学生在理解的基础上进行创新。通过引导学生自主思考和探索，可以培养他们的创新意识和实践能力。

高中数学命题中融入数学文化是一项具有远瞻性的有意义的工作。通过精心设计和实施，我们可以使学生在学习数学的过程中不仅获得知识和技能的提升，更能感受到数学文化的魅力和价值。这不仅有助于提高学生的数学素养和综合能力,更能为他们的未来发展奠定坚实的基础。

综上所述,高中数学命题中融入数学文化需要我们在策略上不断创新和完善,在要点上严格把控和落实。只有这样,我们才能真正实现数学文化与高中数学教学的有效融合,为学生的全面发展提供有力支持。

随着高考教育改革的持续深化,素质教育的不断推进,近年来全国各地高考题中呈现出了越来越多的数学文化试题,以此考查学生的数学应用能力,弘扬数学文化,其目标是使学生在学习过程中真正受到文化感染,产生文化共鸣,体会数学文化品位,体察社会文化和数学文化相互之间的互动。只要我们有效准确获取信息,处理信息,提炼数学知识与方法,应用数学知识与方法就能解决问题。

(三)命题中融入数学文化的案例分析

命题案例设计1:

在"数列"命题中融入数学文化

数列,作为高中数学的核心内容,承载了丰富的数学思想与实际应用。我们可以选择那些既具有代表性又富含启发性的数列命题,如斐波那契数列和等差数列求和等,作为融入数学文化的优质素材。斐波那契数列不仅是一个简单的数列模型,它与自然界中的众多现象,如兔子的繁殖规律、植物的生长模式等紧密相连。通过揭示这些背后的数学逻辑,我们可以让学生深切感受到数学与自然的和谐交融,从而激发他们的学习兴趣和好奇心。

另外,我们也可以通过分享数学家的故事、追溯数学的发展历程以及展示数学在现实生活中的广泛应用,来进一步将数学文化融入数列命题的教学中。这样的教学方法不仅能丰富课堂内容,使学生更全面地了解数列命题的本质与内涵,还能帮助他们在掌握数学知识的同时,提升数学素养和人文素养。因此,通过精选数列命题、深入挖掘其背后的数学文化,并将其巧妙地融入教学之中,我们就能在高中数列命题的教学中有效地融入数学文化,为学生的全面发展打下坚实基础。

【例1】《九章算术》是我国古代的数学名著,书中有如下问题:"今有五人分五钱,令上二人所得与下三人等。问各得几何?"其意思为:"已知甲、乙、丙、丁、戊五人分5钱("钱"是古代的一种重量单位),甲、乙两人与丙、丁、戊三人所得相等,且甲、乙、丙、丁、戊所得依次成等差数列.问五人各得多少钱?"这个问题中,甲所得为(　　)

A. $\dfrac{5}{4}$ 钱   B. $\dfrac{5}{3}$ 钱   C. $\dfrac{3}{2}$ 钱   D. $\dfrac{4}{3}$ 钱

【分析】读懂题意,将古代实际问题转化为数学问题,本题相当于:已知等差数列 $\{a_n\}$ 中,前5项和为5,$a_1+a_2=a_3+a_4+a_5$,求 a_1。

【解析】设等差数列 $\{a_n\}$ 公差为 d,

由题意得 $\begin{cases} 2a_1+d=3a_1+9d, \\ 2a_1+d=\dfrac{5}{2}, \end{cases}$ 解得 $a_1=\dfrac{4}{3}$,$d=-\dfrac{1}{6}$。故选 D。

【例2】意大利著名数学家斐波那契在研究兔子繁殖问题时,发现有这样的一列数:1,1,2,3,5,8,…,该数列的特点是从第三个数起,每一个数都等于它前面两个数的和,人们把这样的一列数所组成的数列 $\{a_n\}$ 称为"斐波那契数列",则 $\dfrac{a_1^2+a_2^2+\cdots+a_{2\,015}^2}{a_{2\,015}}$ 是斐波那契数列中的第_____项。

【解析】由题意得 $a_1=a_2=1$,$a_{n+2}=a_{n+1}+a_n$,

$a_{n+1}\cdot a_{n+2}=a_{n+1}^2+a_na_{n+1}$,所以 $a_{n+1}^2=a_{n+1}\cdot a_{n+2}-a_n\cdot a_{n+1}$。

又 $a_1^2 = a_1 \cdot a_2$，即

$a_1^2 = a_1 \cdot a_2$，

$a_2^2 = a_2 \cdot a_3 - a_1 \cdot a_2$，

$a_3^2 = a_3 \cdot a_4 - a_2 \cdot a_3$，

$a_4^2 = a_4 \cdot a_5 - a_3 \cdot a_4$，

$\cdots\cdots$

$a_{2\,015}^2 = a_{2\,015} \cdot a_{2\,016} - a_{2\,014} \cdot a_{2\,015}$，

相加得 $a_1^2 + a_2^2 + \cdots + a_{2\,015}^2 = a_{2\,015} \cdot a_{2\,016}$，

因此 $\dfrac{a_1^2 + a_2^2 + \cdots + a_{2\,015}^2}{a_{2\,015}} = a_{2\,016}$，

即 $\dfrac{a_1^2 + a_2^2 + \cdots + a_{2\,015}^2}{a_{2\,015}}$ 是斐波那契数列中的第 2 016 项。

【例 3】(2016·理科)"杨辉三角"是古代重要的数学成就，它比西方的"帕斯卡三角形"早了 300 多年。如图是三角形数阵，记 a_n 为图中第 n 行的各个数之和，则 $a_4 + a_{11}$ 的值为（　　　）

$$
\begin{array}{c}
1 \\
1 \quad 1 \\
1 \quad 2 \quad 1 \\
1 \quad 3 \quad 3 \quad 1 \\
1 \quad 4 \quad 6 \quad 4 \quad 1 \\
1 \quad 5 \quad 10 \quad 10 \quad 5 \quad 1 \\
\cdots\cdots \quad \cdots\cdots
\end{array}
$$

A. 528　　　　B. 1 032　　　　C. 1 040　　　　D. 2 064

【解析】从杨辉三角中探究发现数的规律。

第一行数字之和为 $1 = 2^{1-1}$；第二行数字之和为 $2 = 2^{2-1}$；第三行数字之和为 $4 = 2^{3-1}$；第四行数字之和为 $8 = 2^{4-1}$，$\cdots$，第 n 行数字之和为 $a_n = 2^{n-1}$，所以 $a_4 + a_{11} = 2^3 + 2^{10} = 8 + 1\,024 = 1\,032$。故选 B。

本题主要考查归纳推理，属于中档题。归纳推理的一般步骤：

（1）通过观察个别情况，我们可以发现其中存在的某些共同性质或规律，可以提炼出它们之间的共通点，进而揭示出更普遍、更深层次的规律。这种过程对于科学研究、数据分析以及日常生活中的决策都具有重要意义。

（2）通过对已知相同性质的深入分析，我们可以推导出一个具有普适性的一般性命题，即猜想。归纳推理在这一过程中发挥着关键作用，主要分为数的归纳和形的归纳两大类。在数的归纳中，我们关注数列或数学表达式中相邻项之间的关系，以及它们与序号之间的规律，同时结合等差数列、等比数列等数学知识进行推导。而在形的归纳中，我们主要关注图形数量的增减变化以及图形本身形态的变化规律。无论是数的归纳还是形的归纳，都需要我们细心观察、认真分析，以便得出准确的一般性命题。

命题案例设计 2：

在"三角函数"命题中融入数学文化

作为数学的重要分支，三角函数承载着丰富的数学文化内涵。从起源到发展，它与天文学、航海学等实际领域紧密相连，为解决实际问题提供了有力工具。在设计相关命题时，我们应充分体现三角函数的特性和应用价值。这可以涵盖三角函数的性质探究、图像分析、变换规律以及实际应用场景等多个方面。

为了更深入地融入数学文化，我们可以在命题中巧妙引入数学史知识、数学家的故事以及数学名著的精髓。例如，我们可以追溯正弦、余弦、正切等术语的起源与演变，让学生感受数学术语背后的丰富历史与文化。同时，欧拉公式等重要的数学成果在三角函数领域的应用和影响，也可以成为命题设计的灵感来源。

此外,为了激发学生的探究精神和实践能力,我们可以设计一些开放性的三角函数命题。这些命题可以引导学生通过查阅资料、开展实验、进行数学建模等方式,深入探究三角函数的数学文化内涵和实际应用价值。这样的教学方式不仅能激发学生的学习兴趣,还能培养他们的创新能力和实践能力,使他们更好地领略三角函数的魅力。

【例】下图是 2002 年 8 月在北京召开的国际数学家大会会标,它是由 4 个相同的直角三角形与中间的小正方形拼成的 1 个大正方形,若直角三角形中较小的锐角为 θ,大正方形的面积是 1,小正方形的面积是 $\frac{1}{25}$,则 $\sin^2\theta - \cos^2\theta$ 的值等于 _____。

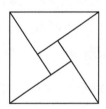

【解析】解法 1(常规法):大正方形的边长为 1⇒小正方形的边长为 $\cos\theta - \sin\theta$⇒小正方形的面积为:

$$(\cos\theta - \sin\theta)^2 = \frac{1}{25} \Rightarrow \begin{cases} \cos\theta - \sin\theta = \frac{1}{5} \\ 2\cos\theta\sin\theta = \frac{24}{25} \end{cases} \Rightarrow \cos\theta + \sin\theta =$$

$$\sqrt{1 + 2\cos\theta\sin\theta} = \frac{7}{5}$$

$$\Rightarrow \sin^2\theta - \cos^2\theta = -(\cos\theta - \sin\theta)(\cos\theta + \sin\theta) = -\frac{7}{25}。$$

解法 2(估算法):由图、关系式和数的特征观察发现:

$$\sin\theta = \frac{3}{5}, \cos\theta = \frac{4}{5},$$

所以 $\sin^2\theta - \cos^2\theta = 1 - 2\sin^2\theta = -\dfrac{7}{25}$。

命题案例设计 3：

在"立体几何"命题中融入数学文化

立体几何，这门学科拥有着悠久的历史脉络和丰富的文化内涵。从古希腊时期柏拉图和欧几里得的智慧结晶，到现代数学家的不断探索与贡献，立体几何的发展历程充满了数学家们的辛勤付出和卓越智慧。因此，深入挖掘立体几何的历史发展，提炼其中的数学文化元素，对于我们的数学教学具有重要意义。

在高中数学教材中，立体几何占据了举足轻重的地位。它涵盖了空间几何体的性质、空间位置关系、空间角和距离等诸多内容。为了将这些内容与数学文化元素巧妙融合，我们可以选择一些具有代表性和启发性的立体几何命题，作为融入数学文化的有效载体。

在命题设计中，我们可以巧妙地融入数学文化元素。例如，可以引用数学家的名言或故事，让学生在解题过程中感受到数学家们的智慧和毅力。同时，介绍与立体几何相关的数学名著或经典问题，如《九章算术》中关于立体几何的论述，或者"三等分角问题"等，都可以帮助学生更深入地理解立体几何的内涵和价值。

此外，结合现实生活中的实例也是融入数学文化元素的有效途径，建筑设计、工程制图等领域都广泛应用了立体几何的知识。通过引入这些实例，我们可以让学生更加直观地感受到立体几何的实用性和美感，从而激发他们对立体几何的学习兴趣。

在教学过程中，我们还应注重培养学生的数学文化素养。这不仅包括传授数学知识，更重要的是培养学生的数学思维和数学精神。通过组织数学文化讲座、开展数学文化阅读活动等方式，我们可以帮助学生拓宽数学视野,提高他们的数学素养和人文素养。

最后,为了进一步激发学生的学习兴趣和探究精神,我们可以设计一些开放性的立体几何命题。这些命题可以引导学生通过查阅资料、开展实验、进行数学建模等方式,深入探究立体几何命题背后的数学文化元素和实际应用价值。这样的教学方式不仅能够提升学生的数学能力,还能够培养他们的创新能力和实践能力。

【例1】《九章算术》是我国古代内容极为丰富的数学名著,书中有如下问题:"今有委米依垣内角,下周八尺,高五尺。问:积及为米几何?"其意思为:"在屋内墙角处堆放米(如图,米堆为一个圆锥的四分之一),米堆底部的弧度为 8 尺,米堆的高为 5 尺,问米堆的体积和堆放的米各为多少?"已知 1 斛米的体积约为 1.62 立方尺,圆周率约为 3,估算出堆放斛的米约有(　　　　)

A.14 斛 　　　　B.22 斛 　　　　C.36 斛 　　　　D.66 斛

【解析】由米堆底部的弧长求出圆锥底面半径,进而求得米堆的体积,根据题意得

$$V=\frac{1}{4}\times\frac{1}{3}\pi r^2\times h=\frac{\pi}{12}\times\left(\frac{16}{\pi}\right)^2\times 5\approx\frac{320}{9}(立方尺),$$

故堆放的米约有 $\frac{320}{9}\div 1.62\approx 22$(斛)。故选 B。

【例2】我国南北朝时期数学家、天文学家——祖暅,提出了著名的祖暅原理:"幂势既同,则积不容异"。"幂"是截面积,"势"是几何体的高,意思是两等高立方体,若在每一等高处的截面积都相等,则两立方体体积相等。已知某不规则几何体与如图所对应的几何体满足"幂势同",则该不规则几何体的体积为(　　　)

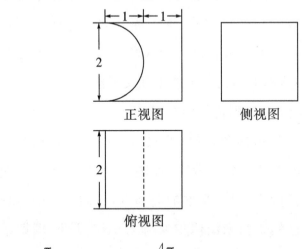

正视图　　　　侧视图

俯视图

A. $4-\dfrac{\pi}{2}$　　　B. $8-\dfrac{4\pi}{3}$　　　C. $8-\pi$　　　D. $8-2\pi$

【分析】根据题设所给的三视图,可以想象出原几何体是从一个正方体中挖去一个半圆柱,再根据祖暅原理和有关数据计算即可。

【解析】由祖暅原理可知,该不规则几何体的体积与已知三视图的几何体的体积相等。根据题设所给的三视图,可知原几何体是从一个正方体中挖去一个半圆柱。由于正方体的体积为 $2^3=8$,半圆柱的体积为 $\dfrac{1}{2}\times(\pi\times1^2)\times2=\pi$,因此,该不规则几何体的体积为 $8-\pi$。故选 C。

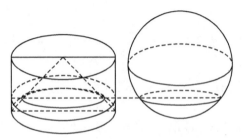

(让学生作图证明球的体积公式)

命题案例设计 4：

在"排列、组合、概率"命题中融入数学文化

排列、组合、概率等数学概念并非孤立存在，它们背后蕴藏着深厚的历史渊源和文化内涵。这些概念的发展，无论是起源于古代的计数问题，还是与保险等实际问题紧密相连，都展现了数学的广泛应用和丰富文化。因此，深入研究这些概念的发展历程，挖掘其数学文化元素，对于深化数学理解至关重要。

在选择教学命题时，我们应注重其代表性和文化内涵。这些命题不仅要体现排列、组合、概率的基本思想和方法，更应蕴含丰富的数学文化。例如，可以选取与古典概型、随机事件、条件概率等紧密相关的命题，让学生在解题过程中感受数学文化的独特魅力。

同时，我们可以巧妙地引用数学家的名言或故事来命题。比如，在探讨概率论时，可以讲述帕斯卡、费马等数学家的故事，让学生更加了解概率论的发展历程以及数学家们的卓越贡献。

此外，介绍与排列、组合、概率相关的数学名著或经典问题也是一种有效的命题方式。例如，提及《九章算术》中关于计数问题的精彩论述，或者引入一些经典的概率问题，如"蒙提霍尔问题"等，都能让学生深刻体会到数学文化的博大精深。

在现实生活中，排列、组合、概率的应用更是无处不在。彩票中奖概率、密码设置等都涉及这些数学概念。因此，结合现实生活中的实例来命题，可以让学生更加直观地感受到数学文化的实用价值和趣味性。

为了进一步培养学生的数学文化素养，我们还可以鼓励学生进行数学文化的探究和拓展。设计一些开放性的排列、组合、概率命题，引导学生通过查阅资料、开展实验、进行数学建模等方式，深入探

究这些命题背后的数学文化元素和实际应用价值。这样不仅能激发学生的学习兴趣和探究精神，还能培养他们的创新能力和实践能力，使他们在解题的过程中感受到数学的魅力和文化内涵，从而提升数学素养和人文素养。

【例1】欧阳修的《卖油翁》中写道："（翁）乃取一葫芦置于地，以钱覆其口，徐以杓酌油沥之，自钱孔入，而钱不湿。"卖油翁的技艺让人叹为观止。如图，铜钱是直径为 3 cm 的圆，中间有边长为 1 cm 的正方形孔，若随机向铜钱上滴一滴油（油滴的直径忽略不计），则正好落入孔中的概率是_____。

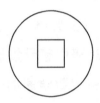

【解析】将实际问题转化为数学中的几何概率问题，关键是要求出铜钱的面积和中间正方形孔的面积，然后代入几何概型计算公式进行求解。

由题意，所求概率为 $p = \dfrac{1}{\pi \cdot \left(\dfrac{3}{2}\right)^2} = \dfrac{4}{9\pi}$。

【例2】如图，正方形 $ABCD$ 内的图形来自中国古代的太极图。正方形内切圆中的黑色部分和白色部分关于正方形的中心成中心对称。在正方形内随机取一点，则此点取自黑色部分的概率是_____。

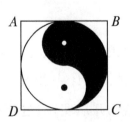

【解析】设正方形的边长为2,则圆的半径为1,则正方形的面积为4,圆的面积为π。由对称性知,太极图中黑白面积相等,即各占圆面积的一半,由几何概型公式得,此点取自黑色部分的概率是$\dfrac{\frac{\pi}{2}}{4}=\dfrac{\pi}{8}$。

【例3】下图是来自古希腊数学家希波克拉底所研究的几何图形,此图由三个半圆构成,三个半圆的直径分别为直角三角形 ABC 的斜边 BC,直角边 AB,AC。△ABC 的三边所围成的区域记为Ⅰ,黑色部分记为Ⅱ,其余部分记为Ⅲ。在整个图形中随机取一点,此点取自Ⅰ,Ⅱ,Ⅲ的概率分别记为 p_1,p_2,p_3 则(　　)

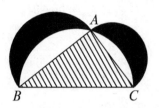

A. $p_1=p_2$　　　B. $p_1=p_3$　　　C. $p_2=p_3$　　　D. $p_1=p_2+p_3$

【解析】首先设出直角三角形三条边的长度,根据其为直角三角形,从而得到三边的关系,之后应用相应的面积公式求得各个区域的面积,根据其数值大小,确定其关系,再利用面积型几何概型的概率公式确定出 p_1,p_2,p_3 的关系,从而求得结果是 $p_1=p_2$。故选A。

【例4】(2014·辽宁高考理第6题)6 把椅子摆成一排,3 人随机座,任何两人不相邻的做法种数为(　　　　)

A. 144　　　　　B. 120　　　　　C. 72　　　　　D. 24

【解析】解法1:如图,将 6 把椅子依次编号为 1,2,3,4,5,6。

$$\mathbf{1\quad 2\quad 3\quad 4\quad 5\quad 6}$$

所以3人不相邻的坐法,可安排"1,3,5""1,3,6""1,4,6""2,4,6"号位置坐人,故总数为 $4A_3^3=24$(种)。故选 D。

解法 2:建立模型,要求坐人的 3 把椅子不相邻,可用插空法:将 3 把空椅子排好,在形成的 4 个空中插入 3 把坐人的椅子,共有 $A_4^3 =$ 24(种)。

【例 5】5 名志愿者分到 3 所学校支教,每个学校至少去 1 名志愿者,则不同的分派方法共有(　　)

A. 150 种　　　　B. 180 种　　　　C. 200 种　　　　D. 280 种

【解析】人数分配上有 1,2,2 与 1,1,3 两种方式。

若是 1,1,3,则有 $\dfrac{C_5^3 C_2^1 C_1^1}{A_2^2} \times A_3^3 = 60$(种);

若是 1,2,2,则有 $\dfrac{C_5^1 C_4^2 C_2^2}{A_2^2} \times A_3^3 = 90$(种),

所以共有 150 种。故选 A。

【例 6】安排 3 名志愿者完成 4 项工作,每人至少完成 1 项,每项工作由 1 人完成,则不同的安排方式共有(　　)

A. 12 种　　　　　　　　B. 18 种

C. 24 种　　　　　　　　D. 36 种

【解析】由题意可得,一人完成两项工作,其余两人每人完成一项工作,据此可得,只要把工作分成三份,有 C_4^2 种方法,然后进行全排列 A_3^3 即可,由乘法原理,不同的安排方式共有 $C_4^2 \times A_3^3 = 36$(种)方法。故选 D。

【例 7】(2017·浙江)从 6 男 2 女共 8 名学生中选出队长 1 人,副队长 1 人,普通队员 2 人组成 4 人服务队,要求服务队中至少有 1 名女生,共有 _____ 种不同的选法。(用数字作答)

【解析】解法 1(直接法):依题,恰好有 1 名女生的选择方法有 $C_6^3 C_2^1 C_4^1 C_3^1$ 种;恰好有两名女生的选择方法有 $C_6^2 C_2^2 C_4^1 C_3^1$ 种,则共有 $C_6^3 C_2^1 C_4^1 C_3^1 + C_6^2 C_2^2 C_4^1 C_3^1 = 660$(种)。

【解析】解法 2(间接法)：依题,总的选择方法有 $C_8^4 C_4^1 C_3^1$ 种,其中不满足题意的选择法 $C_6^4 C_4^1 C_3^1$ 种方法,则满足题意的共有 $C_8^4 C_4^1 C_3^1 - C_6^4 C_4^1 C_3^1 = 660$(种)。

命题案例设计 5：

在"解析几何"命题中融入数学文化

首先,我们应深入挖掘解析几何的历史背景与丰富的数学文化。解析几何的诞生无疑标志着数学从传统几何研究向现代数学转变的重要里程碑。在这一过程中,数学家如笛卡尔、费马等的思想、贡献及其背后的故事,都为我们提供了宝贵的数学文化素材。

其次,结合解析几何的基本概念、定理和公式,我们应设计富含文化内涵的命题。例如,当探讨直线与圆的位置关系时,我们可以引入历史上关于圆与直线的研究故事,或者将实际生活中的问题,如建筑设计中的直线与圆的应用,巧妙地转化为解析几何问题,让学生在解题过程中既能学习数学知识,又能感受到数学文化的魅力。

再者,通过解析几何命题的解决过程,我们应充分展示数学文化的精髓。解析几何问题的解决通常需要严密的逻辑推理和数学方法的灵活运用,这本身就是数学文化的一种体现。教师可以引导学生深入解题过程,体会数学的严谨性、逻辑性和美感,从而更深入地理解和欣赏数学文化。

此外,我们还应结合数学史,详细介绍解析几何的发展过程,让学生了解解析几何的演变历程,以及它在数学史上的重要地位,有助于他们更深入地理解解析几何的本质和意义,从而增强对数学文化的认同感和兴趣。

总之，通过深入挖掘解析几何的历史背景和文化内涵，结合基本概念和实际问题设计命题，以及展示数学文化的精髓和解析几何的发展过程，我们可以使学生在学习解析几何的同时，更好地感受到数学文化的魅力和价值。

【例1】2016 年 1 月 14 日，国家国防科工局宣布，"嫦娥四号"任务已经通过了探月工程重大专项领导小组的审议，正式开始实施。如图所示，假设"嫦娥四号"卫星将沿地月转移轨道飞向月球后，在月球附近一点 P 变轨进入以月球球心 F 为一个焦点的椭圆轨道Ⅰ绕月飞行，之后卫星在 P 点第二次变轨进入仍以 F 为一个焦点的椭圆轨道Ⅱ绕月飞行。若用 $2c_1$ 和 $2c_2$ 分别表示椭圆轨道Ⅰ和Ⅱ的焦距，用 $2a_1$ 和 $2a_2$ 分别表示椭圆轨道Ⅰ和Ⅱ的长轴长，给出下列式子：

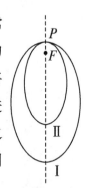

$$①a_1+c_1=a_2+c_2;②a_1-c_1=a_2-c_2;③\frac{c_1}{a_1}=\frac{c_2}{a_2};④c_1a_2>a_1c_2。$$

其中正确的式子的序号是（　　）

A.②③　　　　　B.①④　　　　　C.①③　　　　　D.②④

【解析】由于椭圆Ⅰ和椭圆Ⅱ有一个公共的顶点 P 和一个公共的焦点 F，题目所给四个式子涉及长半轴和半焦距，因此可以从椭圆的焦距入手求解。

由图形可知 $a_1+c_1>a_2+c_2$，①不正确；

$a_1-c_1=a_2-c_2=|PF|$，②式正确；

由 $a_1-c_1=a_2-c_2>0,c_1>c_2>0$，可知 $\dfrac{a_1-c_1}{a_1}<\dfrac{a_2-c_2}{a_2}$，

即 $\dfrac{c_1}{a_1}>\dfrac{c_2}{a_2}$，从而 $c_1a_2>a_1c_2$，④式正确，③不正确。

故选 D。

命题案例设计6：

在"推理与证明"命题中融入数学文化

在高中推理与证明命题中融入数学文化,我们可以尝试从以下几个方面着手设计:

首先,挖掘数学文化中的经典推理与证明案例。数学历史长河中,有许多经典的推理与证明案例,如欧几里得的几何证明、费马的猜想等。这些案例不仅展示了数学家们的智慧与才华,也蕴含了深刻的数学思想和方法。将这些案例融入推理与证明的教学中,可以使学生更好地理解和掌握推理与证明的基本技巧,同时感受到数学的魅力。

其次,利用数学文化中的故事和传说激发学生的推理兴趣。数学文化中有很多有趣的故事和传说,如高斯快速计算的故事、阿基米德解决皇冠问题等。这些故事和传说不仅具有趣味性,也蕴含了推理与证明的元素。通过讲述这些故事,可以激发学生的学习兴趣,引导他们主动思考和探索。

再者,结合现实生活中的例子,展示推理与证明的实际应用。推理与证明并非抽象的数学理论,而是具有实际应用价值的工具。教师可以结合现实生活中的例子,如逻辑推理在侦探故事中的应用、证明方法在科学实验中的验证等,让学生看到推理与证明的实际作用,从而增强学习的动力。

此外,注重培养学生的数学逻辑思维和批判性思维。推理与证明的教学不仅仅是让学生掌握一些技巧和方法,更重要的是培养他们的数学逻辑思维和批判性思维。教师可以通过设计一些开放性的推理与证明问题,引导学生自主思考和探索,培养他们的创新思维和解决问题的能力。

最后,组织数学文化探究活动,鼓励学生深入研究。教师可以组织一些数学文化探究活动,如数学史讲座、数学文化展览等,为学生提供更多了解数学文化的机会。同时,鼓励学生利用课余时间进行深入研究,撰写数学文化方面的论文或报告,以此来培养他们的数学文化素养和研究能力。

通过以上方法,可以有效地在高中推理与证明命题中融入数学文化,使学生在掌握数学知识的同时,也能感受到数学的魅力和文化内涵,从而提高他们的数学素养和人文素养。

【例1】我们把离心率为 $e=\dfrac{\sqrt{5}+1}{2}$ 的双曲线 $\dfrac{x^2}{a^2}-\dfrac{y^2}{b^2}=1(a>0,b>0)$ 称为黄金双曲线。

如图是双曲线 $\dfrac{x^2}{a^2}-\dfrac{y^2}{b^2}=1(a>0,b>0,c=\sqrt{a^2+b^2})$ 的图像,给出以下几个说法:

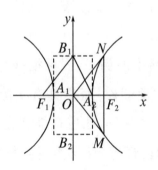

①双曲线 $x^2-\dfrac{2y^2}{\sqrt{5}+1}=1$ 是黄金双曲线;

②若 $b^2=ac$,则该双曲线是黄金双曲线;

③若 F_1,F_2 为左右焦点,A_1,A_2 为左右顶点,$B_1(0,b),B_2(0,-b)$,且 $\angle F_1B_1A_2=90°$,则该双曲线是黄金双曲线;

④若 MN 经过右焦点 F_2 且 $MN\perp F_1F_2$,$\angle MON=90°$,

则该双曲线是黄金双曲线。

其中正确命题的序号为_____。

【解析】对于①，$a^2=1$，$b^2=\dfrac{\sqrt{5}+1}{2}$，则 $c^2=a^2+b^2=\dfrac{\sqrt{5}+3}{2}$，

$e^2=\dfrac{c^2}{a^2}=\dfrac{\sqrt{5}+3}{2}=\left(\dfrac{\sqrt{5}+1}{2}\right)^2$，所以 $e=\dfrac{\sqrt{5}+1}{2}$，所以双曲线是黄金

双曲线，故①正确；

对于②，$b^2=c^2-a^2=ac$，整理得 $e^2-e-1=0$，解得 $e=\dfrac{1+\sqrt{5}}{2}$，

（负值舍去）所以双曲线是黄金双曲线，故②正确；

对于③，F_1，F_2 为左右焦点，A_1，A_2 为左右顶点，$B_1(0,b)$，$B_2(0,$

$-b)$，且 $\angle F_1B_1A_2$，所以 $|B_1F_1|^2+|B_1A_2|^2=|A_2F_1|^2$，

即 $c^2+b^2+b^2+a^2=(a+c)^2$，整理得 $b^2=ac$，

可知双曲线为黄金双曲线，故③正确；

对于④，MN 经过右焦点 F_2，且 $MN\perp F_1F_2$，$\angle MON=90°$，所以

$NF_2=OF_2$，所以 $\dfrac{b^2}{a}=c$，所以 $b^2=ac$，可知双曲线为黄金双曲线，故④

正确。

【方法点睛】本题主要考查了双曲线简单的几何性质及其应用，新定义"黄金双曲线"的分类与应用，属于难度较大的试题，解题时要认真审题，注意双曲线简单的几何性质的灵活应用，本题的解答中要准确把握新定义"离心率 $e=\dfrac{\sqrt{5}+1}{2}$ 的双曲线 $\dfrac{x^2}{a^2}-\dfrac{y^2}{b^2}=1(a>0,b>0)$ 称为黄金双曲线"，此时可推得 $b^2=ac$ 这一条件是双曲线为黄金双曲线的一个判断的依据，把握新定义的转化是解答的关键。

【例2】若 $\dfrac{x^2}{a^2}+\dfrac{y^2}{b^2}=1(a>0,b>0)$ 为"黄金椭圆",即其离心率为

$e=\dfrac{\sqrt{5}-1}{2}$。以下三个命题正确的是 _____。

①长半轴长为 a，短半轴长为 b，半焦距 c 成等比数列；

②一个长轴顶点与其不同侧的焦点以及一个短轴顶点构成直角三角形；

③以两条通径的 4 个端点为顶点的四边形为正方形。

【答案】①②③，解析略。

【例3】在我国南宋数学家杨辉所著的《详解九章算法》(1261 年)一书中，用如图 A 所示的三角形，解释二项和的乘方规律。在欧洲直到 1623 年以后，法国数学家布莱士·帕斯卡的著作(1655 年)介绍了这个三角形。近年来，国外也逐渐承认这项成果属于中国，所以有些书上称这是"中国三角形"(Chinese triangle)，如图 A。17 世纪，德国数学家莱布尼茨发现了"莱布尼茨三角形"，如图 B。在杨辉三角中，相邻两行满足关系式：$C_n^r+C_n^{r+1}=C_{n+1}^{r+1}$，其中 n 是行数，$r\in\mathbf{N}$。请类比上式，在莱布尼茨三角形中相邻两行满足的关系式是 _____。

$$
\begin{array}{ccccc}
 & & \dfrac{1}{2} & \dfrac{1}{2} & \\
 & \dfrac{1}{3} & \dfrac{1}{6} & \dfrac{1}{3} & \\
\dfrac{1}{4} & \dfrac{1}{12} & \dfrac{1}{12} & \dfrac{1}{4} &
\end{array}
$$

图 A

$$
\begin{array}{ccccccc}
 & & & 1 & 1 & & \\
 & & 1 & 2 & 1 & & \\
 & 1 & 3 & 3 & 1 & & \\
1 & 4 & 6 & 4 & 1 & & \\
1 & 5 & 10 & 10 & 5 & 1 & \\
 & & & \cdots\cdots & & &
\end{array}
$$

$$C_n^0 \quad C_n^1\cdots C_n^r\cdots C_n^{n-1} \quad C_n^n$$

图 A

$$
\dfrac{1}{2}\ \dfrac{1}{2}
$$
$$
\dfrac{1}{3}\ \dfrac{1}{6}\ \dfrac{1}{3}
$$
$$
\dfrac{1}{4}\ \dfrac{1}{12}\ \dfrac{1}{12}\ \dfrac{1}{4}
$$
$$
\dfrac{1}{5}\ \dfrac{1}{20}\ \dfrac{1}{30}\ \dfrac{1}{20}\ \dfrac{1}{5}
$$
$$
\dfrac{1}{6}\ \dfrac{1}{30}\ \dfrac{1}{60}\ \dfrac{1}{60}\ \dfrac{1}{30}\ \dfrac{1}{6}
$$
$$
\cdots\cdots
$$

$$\dfrac{1}{C_{n+1}^1 C_n^0} \quad \dfrac{1}{C_{n+1}^1 C_n^1}\cdots \dfrac{1}{C_{n+1}^1 C_n^r}\cdots \dfrac{1}{C_{n+1}^1 C_n^{n-1}} \quad \dfrac{1}{C_{n+1}^1 C_n^n}$$

图 B

【解析】利用类比推理将莱布尼茨三角形的每一行都提出 $\dfrac{1}{C_{n+1}^1}$，而相邻两项之和是上一行两者相拱之数，所以类比式子 $C_n^r + C_n^{r+1} = C_{n+1}^{r+1}$ 有 $\dfrac{1}{C_{n+1}^1 C_n^r} = \dfrac{1}{C_{n+2}^1 C_{n+1}^r} + \dfrac{1}{C_{n+2}^1 C_{n+1}^{r+1}}$。

学习数学文化，就像揭开数学神秘面纱的一角，让我们更深入地洞察其本质。数学不仅仅是一系列公式和计算，更是一种思维方式和文化精髓。掌握数学的本质，就是要理解其背后的逻辑、原理和思想，这样我们才能更好地运用数学来解决实际问题。

而学会数学命题，则是掌握数学文化的重要一环。数学命题是数学理论的基础，它们通过严谨的推理和证明，构建起数学大厦的坚实框架。研究数学命题，不仅能够锻炼我们的逻辑思维能力，还能够培养我们的创新精神。

及时有效地融入数学文化，如从杨辉三角、黄金椭圆、黄金双曲线、黄金三角形等经典数学问题中开展命题研究，更是让我们深入领略数学之美的绝佳途径。这些数学问题不仅具有深厚的数学内涵，还蕴含着丰富的文化内涵，通过研究它们，我们能够更好地理解数学与文化的交融之美。

第七章　结论与建议

一、研究总结与不足

本研究对高中数学教学中融入数学文化的现状进行了全面而深入的剖析，旨在揭示数学文化在高中数学教学中的重要性与价值。通过深入调查与分析，我们发现当前高中数学教学中对数学文化的融入仍显不足，这在一定程度上制约了学生数学素养与创新能力的培养。因此，我们强烈呼吁广大教育工作者认识到数学文化融入高中数学教学的必要性与迫切性，并积极行动起来，探索更多有效的融入策略与途径。

数学文化融入高中数学教学的必要性，首先体现在激发学生的学习兴趣与积极性上。数学文化涵盖了数学史、数学美学、数学哲学等多个方面，具有丰富的内涵与多样的形式。通过引入数学文化元素，可以让数学课堂变得更加生动有趣，从而吸引学生的注意力，激发他们的好奇心与求知欲。

其次，数学文化融入高中数学教学有助于深化学生对数学知识的理解与掌握。数学不仅仅是数字和公式的堆砌，更是一种思维方式和逻辑体系。通过引入数学文化元素，可以帮助学生更好地理解数学的本质与思想，掌握数学的基本方法与技巧，从而更好地运用数学解决实际问题。

此外，数学文化的融入还有助于培养学生的数学素养与创新能力。数学素养是指学生在数学学习过程中形成的数学思维方式、问题解决能力以及数学审美情感等方面的综合素养。通过引入数学文化元素，可以培养学生的数学思维方式，提高他们的问题解决能力，同时激发他们的创新精神与创造力。

在本书研究过程中，我们设计并实施了一系列融入数学文化的数学教学案例。这些案例紧密结合高中数学知识点和课堂类型，将数学文化元素与数学知识点相互融合，使学生在探究数学问题的过程中，能够感受到数学独有的魅力与价值。通过实践探索，我们验证了数学文化融入高中数学教学的可行性与有效性，为高中数学教学的改革与创新提供了有益的实践参考。

然而，本研究也存在一些不足之处。由于研究时间和资源的限制，我们未能涵盖所有高中数学知识点和课堂类型，同时实践案例的设计与实施还需要进一步完善。未来，我们将继续深入研究数学文化融入高中数学教学的策略与途径，探索更多有效的融入方式与方法，以期为我国高中数学教学的改革与创新做出更大的贡献。

二、对未来高中数学教学的思考与建议

针对本研究的不足之处，我们对未来高中数学教学融入数学文化提出以下思考与建议：

1.深入挖掘数学文化内涵，丰富教学内容

在未来的高中数学教学中，教师们肩负着挖掘和展现数学文化深刻内涵与价值的重要使命。为了更好地达成这一目标，他们应当积极地将更多的数学文化元素巧妙地融入课堂之中。这样的尝试不仅能够显著地拓宽学生们的数学视野，使他们领略到数学世界的广阔与深邃，更能够助力他们更深刻地理解和灵活应用数学知识。

具体来说，教师们可以通过结合数学史的相关内容，将那些经典的数学问题、定理和公式背后的故事娓娓道来，让学生们在听故事中感受到数学的魅力。同时，数学美学也是一个不可忽视的领域，它能够让学生们从另一个角度审视数学,发现数学中的对称、和谐与美感。通过将数学史与数学美学融入教学,不仅能够让课堂更加生动有趣,还能够让学生们更加热爱数学,更加主动地探索数学的世界。

此外,教师还可以鼓励学生们参与数学文化的实践活动,如数学竞赛、数学社团等,让他们在实践中深入体验数学文化的魅力。通过这些活动,学生们不仅能够提升自己的数学能力,还能够培养自己的数学思维和解决问题的能力。

综上所述,将数学文化元素融入高中数学教学中是一项既有意义又富有挑战性的工作。只有教师们不断努力,不断创新,才能够让数学教学更加生动有趣,更加符合学生的需求,从而培养出更多具有数学素养和创新能力的人才。

2.创新教学方法与手段,提高教学效果

为了更好地将数学文化融入教学之中,教师们需要不断探索和实践新的教学方法与手段。比如,可以充分利用现代多媒体教学资源,将数学文化的魅力以图片、视频等形式直观地展示给学生们。这样不仅可以激发学生们的学习兴趣,还能够帮助他们更深入地理解数学文化的内涵。

此外,组织数学文化讲座或活动也是一种有效的途径。可以邀请数学领域的专家学者,为学生们带来一场精彩纷呈的讲座,分享他们在数学研究中的心得体会和数学文化的独特魅力。同时,还可以举办数学文化节、数学竞赛等活动,让学生们通过参与和体验,亲身感受到数学文化的魅力和乐趣。

另外,开展数学文化主题的研究性学习也是一种创新的教学方式。教师可以引导学生们围绕某个数学文化主题进行深入的研究和探讨,通过查阅资料、开展实验、撰写论文等方式,培养学生们的探究能力和创新能力。这样的学习方式不仅能够帮助学生们更深入地了解数学文化,还能够提升他们的综合素质和创新能力。

总之,融入数学文化需要教师们付出更多的努力和创新精神。只有不断探索和实践新的教学方法与手段,才能够让数学教学更加生动有趣、富有内涵,从而培养出更多具有数学素养和创新能力的人才。

3.加强教师培训与交流,提升教师素养

在高中数学教学中,教师扮演着至关重要的角色,他们是融入数学文化的关键力量。为了更好地发挥这一作用,我们必须加强对教师的培训与交流,进一步提升他们的数学文化素养与教学能力。

具体而言,我们可以通过组织专题研讨会来深入探讨数学文化在高中数学教学中的意义与价值。这些研讨会可以邀请数学教育专家、学者以及一线教师共同参与,分享他们的研究成果、教学经验和成功案例。在这样的平台上,教师们可以相互学习、相互启发,共同探讨如何更好地将数学文化融入教学之中。

此外,教学观摩活动也是一个非常有效的途径。通过观摩其他教师的课堂教学,教师们可以直观地感受到数学文化在教学中的实际应用效果,学习到其他教师成功的教学方法和技巧。同时,观摩活动也为教师们提供了一个交流互动的平台,他们可以就观摩中遇到的问题和困惑进行深入的讨论和交流,共同寻找解决方案。

通过这些培训和交流活动,教师们的数学文化素养和教学能力将得到显著提升。他们将更加深入地理解数学文化的内涵与价值,更加熟练地掌握将数学文化融入教学的方法和技巧。这将有助于推动数学文化在高中数学教学中的融入与发展,为培养更多具有数学素养和创新能力的人才奠定坚实基础。

4.关注学生需求与兴趣,激发学生的学习动力

在融入数学文化的过程中,教师需细心洞察学生的需求与兴趣,确保教学策略与学生的实际情况相契合。数学,作为一门严谨而富有魅力的学科,其文化内涵深厚且广泛。为了让学生更好地领略数学文化的魅力,教师应根据学生的实际水平和兴趣特点,灵活调整教学策略,使教学更具针对性和实效性。

为此,教师可以尝试设置具有挑战性的数学问题,激发学生的探究欲望和求知欲。这些问题可以涉及数学史、数学美学等多个方面,让学生在解决问题的过程中,感受到数学文化的博大精深。同时,教师还可以组织数学文化竞赛,鼓励学生积极参与,通过竞赛的形式检验学生的学习成果,培养他们的竞争意识和团队精神。

除此之外,教师还可以通过开展数学文化主题的活动,如数学文化节、数学故事分享会等,为学生提供更多展示和交流的平台。这些活动不仅能够丰富学生的课余生活,还能让他们在轻松愉快的氛围中感受数学文化的魅力,从而更加积极地参与到数学学习中来。

总之,关注学生的需求与兴趣,灵活调整教学策略,是教师在融入数学文化过程中需要重点关注的问题。只有真正做到以学生为中心,才能让学生更加热爱数学,更加深入地理解数学文化的内涵与价值。

5.建立评价体系与反馈机制,优化教学过程

为了确保数学文化在高中数学教学中得到有效融入,我们必须构建一套科学、合理的评价体系与反馈机制。这样的体系不仅能够

帮助我们准确评估教学效果，还能为我们提供宝贵的反馈意见，进一步优化教学过程。

在评价教学效果时，我们可以从多个维度进行综合考量。首先，学生的学业成绩是衡量教学效果的重要指标之一。通过比较融入数学文化前后的学业成绩，我们可以直观地了解到教学方式的改进是否带来了实质性的提升。其次，学生的学习态度也是一个不可忽视的方面。观察学生在学习过程中的积极性、主动性以及参与度，我们可以判断出他们对数学文化的兴趣程度和认同感。最后，学生的创新能力也是评价教学效果的重要指标。通过学生在解决问题、探索新知方面的表现，我们可以评估他们在数学文化熏陶下所培养的创新思维和实践能力。

除了评价教学效果外，我们还应重视学生的反馈意见。学生的反馈是改进教学方法与手段的重要依据。通过问卷调查、座谈会等方式，我们可以收集到学生对数学文化融入教学的真实感受和建议。这些反馈意见可以帮助我们发现教学中的不足和问题，进而针对性地进行改进和优化。

展望未来，随着科技的不断进步和教育理念的更新，高中数学教学中融入数学文化的实践研究将具有更加广阔的发展前景。一方面，随着数字化、智能化等技术的应用，我们可以利用更多的技术手段来展示数学文化的魅力，提升学生的学习兴趣和参与度。另一方面，随着教育理念的更新和素质教育的深入推进，数学文化在高中数学教学中的地位将得到进一步提升，成为培养学生综合素质和创新能力的重要途径。

我们必须认识到，将数学文化融入教学中并非一蹴而就，而是需要教师在日常教学实践中持续探索与创新的长期过程。这是一个需要耐心与智慧的挑战，但也同样充满了无限的可能与机遇。

展望未来，我们有着广阔的研究领域等待探索。首先，不同学校、不同年级、不同课程之间的数学文化融入策略与效果值得我们深入研究。因为每个学校、每个年级、每门课程都有其独特的教学环境和需求，我们需要找到最适合它们的融入方式，让数学文化在各类教学环境中都能大放异彩。

此外，我们还应加强数学文化与其他学科的交叉融合研究。数学作为一门基础学科，与物理、化学、生物等多个学科都有着紧密的联系。通过探索数学文化在跨学科教学中的应用与价值，我们可以进一步拓宽数学文化的应用领域，提升其在整个教育体系中的地位与影响力。

总之，高中数学教学中融入数学文化是一项具有重要意义的工作。通过本次研究的实践与探索，我们为未来的高中数学教学提供了一定的参考与借鉴。在未来的教学实践中，我们应继续关注数学文化的融入与发展，努力提升高中数学的教学质量。

参考文献

[1]中华人民共和国教育部.普通高中数学课程标准(实验)(2003年版)[S].北京:人民教育出版社,2003.

[2]中华人民共和国教育部.普通高中数学课程标准(2017年版)[S].北京:人民教育出版社,2017.

[3]中华人民共和国教育部.普通高中数学课程标准(2017年版2020年修订)[S].北京:人民教育出版社,2020.

[4]章建跃.核心素养导向的高中数学教材变革(续4)——《普通高中教科书·数学(人教A版)》的研究与编写[J].中学数学教学参考,2019(28):7-11.

[5]梅磊,史嘉.例读数学文化融入高考试题的意义和途径[J].中学数学教学参考,2015(1,2):16-20.

[6]刘金岭.高中新课程标准下数学文化融入数学教学的探索[D].北京:中央民族大学,2013.

[7]钟启泉.基于核心素养的课程发展:挑战与课题[J].全球教育展望,2016,45(1):3-25.

[8]刘金焕.数学文化视角下高中数学教学研究[D].哈尔滨:哈尔滨师范大学.2023.

[9]张泰源.习近平关于劳动教育重要论述研究[D].长春:吉林大学.2023.

[10]KEYSER C. Mathematics as a culture clue and other essays[M]. New York:Scripta Mathematica. 1947.

[11]李富娟.数学文化融入高中数列单元的教学研究[D].哈尔滨:哈尔滨师范大学.2023

[12]顾沛.数学文化[M].北京:高等教育出版社,2008.

［13］郑毓信，王宪昌，蔡仲.数学文化学［M］.成都：四川教育出版社，2000.

［14］叶立军.数学教师课堂教学行为比较研究［D］.南京：南京师范大学，2012.

［15］张奠宙.关于数学史和数学文化［J］.高等数学研究，2008（1）：18－22.

［16］钟志贤.面向知识时代的教学设计框架［D］.上海：华东师范大学，2004.

［17］仝玉强.浅议数学文化及相关试题［J］.中学数学教学参考，2017（10）：54－59.

［18］任子朝，赵轩.基于高考评价体系的数学科考试内容改革实施路径［J］.中国考试，2019（12）：27－32.

［19］陈炳藻，胡晴.关于《红楼梦》后四十回［J］.红楼梦学刊，2002（3）：267－282.

本书附录

附录1:《实验学校数学文化与核心素养调查问卷1》

亲爱的同学,你好! 为了更好地开展数学教学,切实有效的帮助大家提高数学成绩,特制定此卷,该调查只用于科学研究,请同学们客观地回答所有问题,谢谢大家的积极参与!

Q1:你所在的年级是:

○A. 高一 　　　　○B. 高二 　　　　○C. 高三

Q2:你对目前高中数学的课堂满意吗?

○A. 满意 　　　　○B. 不满意 　　　　○C. 一般

Q3:你喜欢数学课的原因是:(可多选)

□A. 喜欢学这方面的知识

□B. 喜欢数学老师

□C. 在这门课中懂得了很多道理

□D. 在这方面比较擅长

Q4:你不喜欢数学课的原因是:(可多选)

□A. 数学课枯燥、无味

□B. 不喜欢数学老师

□C. 在这方面不擅长

Q5:你的数学老师只是教你书本知识吗?

○A. 是,书本外的都不讲

○B. 不是,在课堂中会讲一些道理

○C. 没太注意

Q6：你认为数学老师在课堂上适当讲一些数学文化方面的知识有用吗？

○A. 没有用，老师只讲书上知识就行了

○B. 很有用，教会我们怎么做人

○C. 不知道，没有想过

Q7：你认为怎样才能学好数学？（可多选）

□A. 老师多教一些公式，套用公式

□B. 多记忆一些通用解法

□C. 学会分析，解决问题

□D. 天生有个好脑子

Q8：你喜欢老师从以下哪几个方面融入数学文化教育？（可多选）

□A. 借助生活实例创设情境　　□B. 讲解数学家的故事、名言

□C. 数学游戏中揭示数学规律　□D. 课堂评价及作业批改中

Q9：你听说过数学核心素养这个词吗？

○A. 经常听老师说起　　　○B. 偶尔听过　　　○C. 没听过

Q10：你认为自己的哪项素养比较好？（可多选）

□A. 数学抽象　　□B. 逻辑推理　　□C. 数学建模

□D. 数学运算　　□E. 直观想象　　□F. 数据分析

Q11：你认为自己的哪项素养比较弱？（可多选）

□A. 数学抽象　　□B. 逻辑推理　　□C. 数学建模

□D. 数学运算　　□E. 直观想象　　□F. 数据分析

Q12：以下六大核心素养，你认为哪一个最重要？（可多选）

□A. 数学抽象　　□B. 逻辑推理　　□C. 数学建模

□D. 数学运算　　□E. 直观想象　　□F. 数据分析

Q13:你愿意选择以下哪种方式提高自己的"数学核心素养"? (可多选)

□A. 相信数学老师,在课堂上学习

□B. 课外兴趣小组

□C. 适当开展数学主题活动

□D. 借助网络及其他方式

□E. 不愿学习

Q14:你对数学核心素养的培养还有什么意见和建议? 请写出来。

附录 2:《实验学校数学文化与核心素养调查问卷 2》

亲爱的同学,你好!为了更好地开展数学教学,我们围绕数学学科中融入数学文化的有关工作进行问卷调查。本次问卷调查旨在更好地了解数学文化工作推进的现状,请同学们客观地回答所有问题,谢谢大家的积极参与!

Q1:你所在的年级是:

○A. 高一　　　　　○B. 高二　　　　　○C. 高三

Q2:你对目前高中数学的课堂满意吗?

○A. 满意　　　　　○B. 不满意　　　　　○C. 一般

Q3:你喜欢数学课的原因是:(可多选)

□A. 喜欢学这方面的知识

□B. 喜欢数学老师

□C. 在这门课中懂得了很多道理

□D. 在这方面比较擅长

Q4:你认为数学老师在课堂上适当讲一些数学文化方面的知识有用吗?

○A. 没有用,老师只讲书上知识就行了

○B. 很有用,教会我们怎么做人

○C. 不知道,没有想过

Q5:数学的六大核心素养是数学抽象、逻辑推理、数学建模、数学运算、直观想象、数据分析。你认为这些核心素养对你的数学学习有没有推动作用?

○A. 很大　　　　　○B. 一般　　　　　○C. 没有影响

Q6:你喜欢老师从以下哪几个方面融入数学文化教育?(可多选)

□A. 借助生活实例创设情境

□B. 讲解数学家的故事、名言

□C. 数学游戏中揭示数学规律

□D. 课堂评价及作业批改中

Q7：你觉得数学融入数学文化与核心素养对你培养数学核心素养帮助大吗？

○A. 很大　　　　○B. 一般　　　　○C. 没有影响

Q8：理解了数学核心素养能激发你学习数学的兴趣吗？

○A. 能　　　　　○B. 不能　　　　○C. 没感觉

Q9：你认为自己的哪项素养比较弱？（可多选）

□A. 数学抽象　　□B. 逻辑推理　　□C. 数学建模

□D. 数学运算　　□E. 直观想象　　□F. 数据分析

Q10：以下六大核心素养，你认为哪一个最重要？（可多选）

□A. 数学抽象　　□B. 逻辑推理　　□C. 数学建模

□D. 数学运算　　□E. 直观想象　　□F. 数据分析

Q11、你对学好高中数学有信心吗？

○A. 很有信心　　○B. 没有信心　　○C. 太重要，硬着头皮学

Q12：你对数学核心素养的培养还有什么意见和建议？请写出来。

附录3:《调查分析报告》

为了深入了解数学文化融入数学教学对学生学习情感、态度、价值观、兴趣、方法、策略、合作等数学核心素养的影响,我们于2023年9月20日对实验学校高一到高三304名学生进行了调查问卷,其中高一学生112名,占36.84%,高二学生177名,占58.22%,高三学生15名,占4.93%.于2020年7月21日对实验学校高一到高三270名学生进行了第二次调查问卷,其中高一学生128名,占47.41%,高二学生119名,占44.07%,高三学生23名,占8.52%.现将调查情况分析如下:

1.调查内容

对学生的问卷调查主要涉及以下方面的内容:

(1)高中生对数学课程的兴趣、态度、认知情况;

(2)高中生对数学核心素养的了解情况;

(3)高中生对数学教学过程中融入数学文化的要求。

为了保证该调查问卷的答题客观性和调查结果的可靠性,问卷调查均由我们亲自主持,由于我们全程参与,过程严谨认真,被调查学生态度认真端正,无抵制和随意答卷的现象,因此测试结果可以客观反映调查问卷的可信度。

2.调查结果与分析

为了系统分析本次调查报告的情况,我们在设计之初就进行了规格与设计,把一些普遍性和倾向性的问题进行归纳并类,把定性研究的方向统一起来,使得整个问卷调查结果可信度大大提高。先将调查中反映的问题分析如下:

高中生对数学课程的兴趣、态度、认知情况

题目内容	调查统计数据			
你对目前高中数学的课堂满意吗？	满意	不满	一般	
	91.12％	0.66％	8.22％	
	93.02％	0.41％	6.57％	
你喜欢数学课的原因是什么？	喜欢学这方面的知识72.37％	喜欢数学老师61.84％	在这门课中懂得了很多道理69.08％	在这方面擅长23.03％
你不喜欢数学课的原因是什么？	数学课枯燥、无味24.34％	不喜欢数学老师5.59％	在这方面不擅长81.25％	

上述数据显示：第一次调查问卷有91.12％的学生对于数学课堂满意，0.66％的学生表示对数学课堂不满意，而觉得数学课堂一般的有8.22％的学生；第二次调查问卷有93.02％的学生对于数学课堂满意，0.41％的学生表示对数学课堂不满意，而觉得数学课堂一般的有6.57％的学生。从这项调查结果显示，大部分学生还是了解数学课的重要性，对数学课感兴趣，因此加大数学课堂的课改是今后工作的一个重要方向。其次学生对于数学课的兴趣态度也是非常明确，其中喜欢数学课的学生中，72.37％的学生喜欢学这方面的知识，而不喜欢数学课的学生中，81.25％的学生认为自己在这方面不擅长，因此学生学习的兴趣要积极引导。

3.高中生对数学核心素养的了解情况

数学文化教育在数学课堂中的融入，主要是数学素养的培养，因此本次调查共设计5道选择题，目的是通过高中的调查，提高学校数学文化的发展和重视。题目具体如下：

题目内容	调查统计数据		
你听说过数学核心素养这个词吗？	经常听老师说起 62.5%	偶尔听过 25.33%	没听过 12.17%
数学的六大核心素养是数学抽象、逻辑推理、数学建模、数学运算、直观想象、数据分析。你认为这些核心素养对你的数学学习有没有推动作用？	很大 85.52%	一般 13.49%	没有影响 0.99%
你认为自己的哪项素养比较好？	数学抽象 38.49% 逻辑推理 53.95%	数学建模 29.28% 数学运算 46.71%	直观想象 37.17% 数据分析 47.37%
你认为自己的哪项素养比较弱？	数学抽象 45.07% 逻辑推理 41.45%	数学建模 49.01% 数学运算 43.09%	直观想象 30.59% 数据分析 35.2%
以下六大核心素养，你认为哪一个最重要？	数学抽象 50.99% 逻辑推理 79.93%	数学建模 45.39% 数学运算 60.86%	直观想象 33.88% 数据分析 48.36%

由上表数据可以得知，2023年部分学生对数学素养的认识还是有一定差异性的，有12.17%的学生对数学素养不了解，在学生的数学文化教育中要逐步融入数学素养培养，为以后数学学习打下良好基础。其次79.93%的学生认为逻辑推理的核心素养对数学学习更重要，48.36%的学生认为数据分析对数学学习更重要。

4.高中生对数学教学过程中融入数学文化的要求

我们为了更深入研究数学课堂融入数学文化对学生的影响，设计了 4 道题目。从学生层面去调查学生对于数学素养的要求,引导学生有效学习。

题目内容	调查统计数据			
你愿意选择以下哪种方式提高自己的"数学核心素养"?	相信数学老师,在课堂上学习 82.89%	课外兴趣小组 54.28%	适当开展数学主题活动 54.28%	借助网络及其他方式 45.72%
你喜欢老师从以下哪个方面融入数学文化教育?	借助生活实例创设情境 80.92%	讲解数学家的故事、名言 61.18%	数学游戏中揭示数学规律 70.72%	课堂评价及作业批改中 40.79%
你觉得数学融入数学文化与核心素养对你培养数学核心素养帮助大吗?	很大	一般	没有影响	
	70.37%	25.93%	3.7%	
	86.48%	16.41%	2.10%	
理解了数学核心素养能激发你学习数学的兴趣吗?	能	不能	没感觉	
	91.78%	2.96%	5.26%	
	93.44%	1.68%	4.88%	

由上表数据可以得知,82.89% 的学生相信数学老师,在课堂上学习能够提高自己的数学核心素养。在第二次调查问卷中,有 86.48% 的学生觉得数学融入数学文化与核心素养对培养数学核心素养帮助很大,93.44% 的学生认为数学核心素养能够激发学习数学的兴趣,比上次调查问卷比例有所提高,说明学生心中非常清楚进入更高阶段学习,还需要培养数学素养,从另一个侧面分析,学生在学习压力的刺激下,对数学素养的需求也会变得迫切,因此在高中数学文化教育的过程中给学生一定的压力,把数学素养的重要性和学校数学

文化要求紧密结合在一起,用现实主义的需求去驱动学生的数学文化学习动力,从而形成互补共赢的局面。

附录4:相关访谈提纲

《数学文化融入课堂现状访谈提纲(学生版)》

问题1:你认为数学文化是什么? 能否举出几个你所了解到的数学文化知识?

问题2:课堂上你的老师是否会在讲新课时讲解数学文化,次数多不多? 是否对此有兴趣?

问题3:你认为数学文化对提高你的学习成绩是否有帮助?

《数学文化融入课堂现状访谈提纲(教师版)》

问题1:您平时在课堂上是否会涉及讲解数学文化相关知识?

问题2:您认为现在新课改新增数学文化后能够带来哪些积极的作用?

问题3:据我了解,现在数学文化在课堂上融入不深,落实不到位,您是否有好的建议?

《数学文化融入课堂的建议(学生版)》

问题1:这学期将数学文化融入课堂,你是否已经适应了这样的上课方式?

问题2:你认为深入了解数学文化是否对学习有帮助?

问题3:在参与实践的过程中碰到了哪些困难?